Christina Tiedemann

Kostenrechnung für Rechenzentren

Programm Angewandte Informatik

Herausgeber:
Paul Schmitz
Norbert Szyperski

Wulf Werum / Hans Windauer:
PEARL, Process and Experiment Automation
Realtime Language

Wulf Werum / Hans Windauer:
Introduction of PEARL
Process and Experiment Automation
Realtime Language

Joachim Kanngiesser:
Die Abrechnung von ADV-Systemleistungen

Eric D. Carlson/Wolfgang Metz/Günter Müller/
Ralph H. Sprague/Jimmy A. Sutton:
Display Generation and Management
Systems (DGMS) for Interactive
Business Applications

Bernd Rosenstengel/Udo Winand:
Petri-Netze, Eine anwendungsorientierte
Einführung

Norbert Szyperski/Erwin Grochla/Ursula M. Richter/
Wilfried P. Weitz (Eds.):
Assessing the Impacts of Information Technology

Paul Schmitz/Heinz Bons/Rudolf van Megen:
Software-Qualitätssicherung – Testen im Software-Lebenszyklus

Christina Tiedemann:
Kostenrechnung für Rechenzentren

Christina Tiedemann

Kostenrechnung für Rechenzentren

Analyse praktizierter Vorgehensweisen und Anwendungskonzeptionen

V

Friedr. Vieweg & Sohn Braunschweig/Wiesbaden

CIP-Kurztitelaufnahme der Deutschen Bibliothek

Tiedemann, Christina:
Kostenrechnung für Rechenzentren: Analyse praktizierter Vorgehensweisen u. Anwendungskonzeptionen / Christina Tiedemann. – Braunschweig; Wiesbaden: Vieweg, 1983.
(Programm angewandte Informatik)
ISBN 978-3-528-03594-5 ISBN 978-3-322-89474-8 (eBook)
DOI 10.1007/978-3-322-89474-8

1983

ISBN 978-3-528-03594-5

Vorwort der Herausgeber

Zahlreiche Untersuchungen in der Praxis haben gezeigt, daß der Anwendungsstand entscheidungsorientierter Kostenrechnungsverfahren in Rechenzentren als unbefriedigend bezeichnet werden muß. Im vorliegenden Buch werden daher - aufbauend auf den Ergebnissen einiger empirischer Erhebungen - konzeptionelle Hilfen zur Abgrenzung von Kostenarten, -stellen und -trägern gegeben sowie RZ-spezifische Nutzungsmöglichkeiten von Weiterentwicklungen der Vollkostenrechnung wie Einzelkosten-, Grenzkosten- und Deckungsbeitragsrechnungen aufgezeigt. Insbesondere soll die Bedeutung eines stärker als bisher entscheidungsorientierten Kostenrechnungssystems als Planungs- und Kontrollinstrument für RZ herausgestellt werden.

Das Buch wendet sich hauptsächlich an Mitarbeiter der Kostenrechnungsabteilungen von Rechenzentren in Wirtschaft, Wissenschaft und öffentlicher Verwaltung. Die Empfehlungen sind aufgrund der Übertragbarkeit nicht auf bestimmte RZ-Typen zugeschnitten und daher auch für Mitarbeiter solcher RZ von Interesse, in denen keine eigene Kostenrechnungsabteilung vorhanden ist und/oder kostenrechnungsbezogenes Know How fehlt. Nicht zuletzt sind alle interessierten Studenten der Fächer Betriebswirtschaftslehre und Informatik angesprochen.

Köln, im Dezember 1982

Prof. P. Schmitz   Prof. N. Szyperski

Vorwort der Verfasserin

Die vorliegende Arbeit entstand im Rahmen des vom Bundesministerium für Forschung und Technologie geförderten Großprojektes SEDIS (= Strategische Entwicklung der Dienstleistungen von Service-Rechenzentren, Forschungsleitung: Prof. Dr. Dietrich Seibt), das in der Zeit vom 1.3.1979 bis 28.2.1981 am BIFOA (= Betriebswirtschaftliches Institut für Organisation und Automation an der Universität zu Köln) durchgeführt wurde.

Besonders danken möchte ich den Herausgebern Prof. Dr. P. Schmitz und Prof. Dr. N. Szyperski für die Gelegenheit, meine Arbeit in dieser Schriftenreihe zu veröffentlichen.

Ferner gilt mein Dank Herrn Dipl.-Kfm. Bernhard Langen für die kritische Durchsicht des Manuskripts sowie Herrn cand. rer. pol. Jan Stenmans, der mit Sorgfalt Korrektur las und bei der Erstellung der Abbildungen half.

Köln, im Dezember 1982

Dipl.-Kfm. Christina Tiedemann

Inhaltsverzeichnis

Seite

Seite

Seite

Abkürzungsverzeichnis

ADV...........Automatisierte Datenverarbeitung
BAB...........Betriebsabrechnungsbogen
BM............Bundesministerium
BTA...........Bürotechnik und Automation
BWM...........Betriebswirtschaftsmagazin
CPU...........Central Processing Unit
DBP...........Deutsche Bundespost
DBR...........Deckungsbeitragsrechnung
DBW...........Die Betriebswirtschaft
DFÜ...........Datenfernübertragung
DFV...........Datenfernverarbeitung
DV............Datenverarbeitung
DVaH..........Datenverarbeitung außer Haus
EDV...........Elektronische Datenverarbeitung
GuV...........Gewinn- und Verlustrechnung
HW............Hardware
IKD...........Internationaler Kongreß für Datenverarbeitung
IKR...........Istkostenrechnung
KA............Kostenart
KLR...........Kosten- und Leistungsrechnung
KR............Kostenrechnung
KRS...........Kostenrechnungssystem
KSt...........Kostenstelle
KTr...........Kostenträger
ÖVD...........Öffentliche Verwaltung und Datenverarbeitung
PKR...........Plankostenrechnung
RBE...........Remote Batch Entry
RJE...........Remote Job Entry
RZ............Rechenzentrum
SEDIS.........Strategische Entwicklung der Dienstleistungen von Service-Rechenzentren
SRZ...........Service-Rechenzentrum
SW............Software
ZfB...........Zeitschrift für Betriebswirtschaft
ZfbF..........Zeitschrift für betriebswirtschaftliche Forschung
ZfD...........Zeitschrift für Datenverarbeitung

A Einleitung

1. Problemstellung und Zielsetzung der Untersuchung

Im Rahmen des vom Bundesministerium für Forschung und Technologie geförderten Projektes SEDIS (=strategische Entwicklung der Dienstleistungen von Service-Rechenzentren), dessen primäres Ziel es war, den von einem Konzentrations- und Ausleseprozeß[1] betroffenen kleinen und mittleren Service-Rechenzentren (SRZ) Hilfestellung zur Erhaltung bzw. Erhöhung ihrer Wettbewerbsfähigkeit geben zu können, wurden umfangreiche empirische Erhebungen über die SRZ-Branche durchgeführt.[2]

Auf Anregung von Experten der SRZ-Branche[3] sowie durch bereits 1970 und 1974 durchgeführte Erhebungen von Czeranowsky und Diederichs[4] wurde dem Problembereich "Kostenrechnung" besondere Aufmerksamkeit geschenkt. Sowohl die Aussagen der Experten als auch die Ergebnisse der angeführten Untersuchungen deuteten darauf hin, daß nach wie vor die Vorgehensweisen zur Kostenrechnung in SRZ erhebliche methodische Mängel, besonders bei kleinen und mittleren SRZ, aufweisen.

Diese Vermutung wurde durch die empirischen Erhebungen in SEDIS voll bestätigt. Es zeigte sich, daß sowohl hinsichtlich der praktizierten Kostenrechnung, insbesondere aber bei der Kalkulation,

---

1) Zum Strukturwandlungsprozeß in der SRZ-Branche vgl. Punkt 2 dieses Kapitels.
2) Die Fragebogenerhebung hatte zum Ziel, eine fundierte Basis für die nachfolgenden Erhebungen zu schaffen (vgl. SEIBT u.a. /Erhebungen A/). In der Interviewrunde wurden 40 ausgewählte SRZ befragt, die sich als überdurchschnittlich fortschrittlich bzgl. des aktuellen und zukünftigen Dienstleistungsangebots erwiesen hatten (vgl. OEHLER /Erhebungen B/). Die mittels einer modifizierten Delphi-Methode durchgeführte Expertenbefragung mit Vertretern von SRZ, deren Kunden, Vertretern von Hardware- und Softwareherstellern, Wissenschaftlern sowie Technologieexperten hatte zum Ziel, Entwicklungstendenzen des Dienstleistungsangebots von SRZ in den nächsten 5-10 Jahren aufzuzeigen (vgl. SEIBT u.a. /Erhebungen C/).
3) Experten der SRZ-Branche trafen regelmäßig im projektbegleitenden SEDIS-Expertenkreis zusammen.
4) Vgl. hierzu CZERANOWSKY, DIEDERICHS /Entwicklung/ 483-488.

erhebliche Qualitätsunterschiede vorliegen.

So wichen z.B. die Angaben über die Anzahl der Kostenarten, -stellen und -träger von hinsichtlich Struktur und Umsatz vergleichbaren SRZ erheblich voneinander ab.[1] Hieraus, und dies ist in der Expertenbefragung bestätigt worden, wurde geschlossen, daß ein klar gegliedertes Konzept für die Abgrenzung von Kostenarten, -stellen und -trägern nicht vorliegt, von kleinen und mittleren SRZ vielmehr dringend benötigt wird.

Ebenso zeigten die empirischen Untersuchungen, daß vor allem kleine und mittlere SRZ nur in geringem Umfang Weiterentwicklungen der traditionellen Vollkostenrechnung wie etwa eine Teilkosten- oder Deckungsbeitragsrechnung nutzen.[2]

Zahlreiche Gespräche mit Praktikern sowie Literaturanalysen haben darüber hinaus gezeigt, daß ähnlich gelagerte Probleme hinsichtlich der praktizierten Kostenrechnung auch in Rechenzentren (RZ) von Großunternehmungen sowie in Verwaltungs- und Hochschulrechenzentren vorzufinden sind.

Sowohl der Mangel eines konzeptionellen Rahmens zur Abgrenzung der Kostenarten, -stellen und -träger als auch das kaum vorhandene oder nicht gebührend beachtete Know How im Hinblick auf Teilkostenrechnungssysteme führen dazu, daß eine systematische, den Anforderungen der Unternehmungsführung und der Marktgegebenheiten gerecht werdende Angebotskalkulation in Rechenzentren nicht zufriedenstellend praktiziert werden kann. Die Mehrzahl der Rechenzentren kalkuliert nach wie vor hauptsächlich auf Vollkostenbasis. Besonders für die unter Wettbewerbsbedingungen arbeitenden RZ resultiert hieraus eine Reihe von Nachteilen, wie z.B. mangelndes Reaktionsvermögen bei Beschäftigungsschwankungen, was wiederum zu einer Minderung der Überlebenschance beiträgt und den seit Jahren anhaltenden Konzentrations- und Ausleseprozeß innerhalb der SRZ-Branche fördert.

---

1) Vgl. OEHLER /Erhebungen B/ 33 sowie Punkt 1 des Kapitels B.
2) Vgl. SEIBT u.a. /Erhebungen A/ 61 ff. sowie Punkt 1 des Kapitels B.

Rechenzentren, insbesondere mittlere und kleine Service-Rechenzentren, benötigen daher in zunehmendem Maße methodische Hilfen, um ihre Planungs- und Kontrollaufgaben situationsgerechter als bisher durchführen zu können.

Die generelle Zielsetzung dieser Arbeit ist das Aufzeigen von methodischen Verbesserungs- bzw. Weiterentwicklungsmöglichkeiten der z.Z. in RZ überwiegend praktizierten Vorgehensweisen im Rahmen der Kostenrechnung, insbesondere der Kalkulation.

Im einzelnen lassen sich aus dieser Zielsetzung zwei Aufgabenkomplexe ableiten:

1. Entwicklung eines konzeptionellen Rahmens zur Abgrenzung und Unterteilung von für die Zielgruppe typischen Kostenarten, Kostenstellen und Kostenträgern.

2. Darstellung der für Rechenzentren spezifischen Nutzungsmöglichkeiten methodischer Weiterentwicklungen der traditionellen Vollkostenrechnung wie Grenzkosten-, relative Einzelkosten- sowie der hieraus ableitbaren Vorgehensweisen der Deckungsbeitragsrechnung im Rahmen der Kalkulation von Dienstleistungsarten und der kurzfristigen Erfolgsrechnung.

2. Skizzierung der Zielgruppe

2.1 Unter Wettbewerbsbedingungen arbeitende Rechenzentren

Die rasche Verbreitung der automatisierten Datenverarbeitung seit Beginn der 60er Jahre vollzog sich zunächst überwiegend in Großunternehmungen, weil nur sie in der Lage waren, den mit dem Einsatz der Datenverarbeitung verbundenen finanziellen Aufwand zu tragen. Hieraus resultierte insbesondere für Klein- und Mittelbetriebe eine Minderung der Leistungsfähigkeit und damit der Wettbewerbsfähigkeit. Ausgehend von Selbsthilfeorganisationen der

Klein- und Mittelbetriebe wie etwa das "Schramberger Modell"[1] entwickelte sich daher sehr schnell ein eigener Dienstleistungszweig, der nach eigenen Aussagen bis heute etwa 85-90% aller DV-Anwender in der Bundesrepublik als Kunden gewinnen konnte: die Branche der Service-Rechenzentren mit ihrem Angebot der Datenverarbeitung außer Haus (DVaH).

Mehr als 800 000 Unternehmungen, das sind ca. 90% aller Unternehmungen, die sich heute der automatisierten Datenverarbeitung bedienen, nutzen die Möglichkeiten der DVaH.[2]

Allerdings erst mit der Überwindung der Rezession 1967/68 änderte sich auch das bis dahin tief in der mittelständischen Wirtschaft verwurzelte Prestigedenken, eine eigene DV-Anlage sei in jedem Fall der DVaH vorzuziehen. Bedingt durch zunehmende Transparenz bei Wirtschaftlichkeitsvergleichen in Haus/außer Haus einerseits sowie durch steigenden Kostendruck andererseits erwuchs schließlich eine größere Bereitschaft, Daten der eigenen Unternehmung einem DV-Dienstleistungsbetrieb anzuvertrauen. Der Branchenumsatz der Service-Rechenzentren steigt seit dieser Zeit stetig.[3]

Trotz dieses stetigen Umsatzwachstums in der Vergangenheit sieht sich die Branche der SRZ heute großen Problemen gegenüber. Durch folgende Kernpunkte soll die besonders für kleine und mittlere SRZ existenzbedrohende Situation kurz beschrieben werden:[4]

- Die u.a. durch den Preisverfall der Hardware ermöglichte Dezentralisierung von Computer-Kapazität bzw. die Computerleistung am

---

1) Vgl. z.B. FISCHER, FRIMMEL /Gemeinschaftliche/ 49-50.
2) Vgl. hierzu z.B. BEHRENS /DV außer Haus/ 291 sowie RUPPRECHT /Service-Rechenzentren/ 32. - Diese Angaben von Vertretern des VDRZ (Verband Deutscher Rechenzentren) müssen nach Ansicht vieler Experten der SRZ-Branche als zu optimistisch angesehen werden. Genaueres Zahlenmaterial darüber, wieviel Prozent aller Unternehmungen die DVaH nutzen, liegt allerdings nicht vor.
3) Vgl. hierzu KLOTEN /EDV-Markt/ 131, LANGE-HELLWIG /Zukunftschancen/ 252 ff. sowie SEIBT u.a. /Erhebungen A/ 102 ff.
4) Einen umfassenden Überblick über die schwierige Situation der SRZ-Branche geben SEIBT u.a. /Erhebungen A/, /Erhebungen C/ sowie OEHLER /Erhebungen B/.

Arbeitsplatz als Nutzungsformen moderner Datenverarbeitung stellen heute Hardwarehersteller als Systemlösung incl. aller Problemlösungskomponenten wie etwa Software und Organisationsrichtlinien bei der Mehrzahl aller kommerziellen Anwendungsmöglichkeiten kostengünstiger zur Verfügung als SRZ. Darüber hinaus ist das Angebot der SRZ an kompletten Systemlösungen deutlich geringer als bei Hardwareherstellern.

- Mit der Computerleistung am Arbeitsplatz verbunden ist die Forderung der Kunden, ausgereifte und komfortable Dialogsoftware nutzen zu können. Zum jetzigen Zeitpunkt muß festgestellt werden, daß nur die leistungsstärksten SRZ dialogorientierte Software anbieten.[1] Die Mehrzahl der SRZ verfügt weder über das erforderliche Know How zur Entwicklung von Dialogsoftware noch über die hierfür notwendigen finanziellen Ressourcen.[2] Darüber hinaus stehen immer noch sehr hohe Datenübermittlungskosten der Deutschen Bundespost einer weiteren Verbreitung von Dialoganwendungen gegenüber. Erst der entfernungsunabhängig tarifierte DATEX-P-Dienst der DBP schafft hier in einigen Bereichen Abhilfe.[3]

- Der Konkurrenzdruck durch international tätige Unternehmungen der Informationsdienstleistungsindustrie wird permanent größer. Da sich wiederum nur die leistungsstärksten SRZ international zusammenschließen, müssen kleine und mittlere Unternehmungen immer mehr Wettbewerbsnachteile in Kauf nehmen.[4]

Besonders diese Gründe sind ausschlaggebend dafür, daß sich z.Z. ein rascher Strukturwandel in der SRZ-Branche vollzieht, der besonders dadurch zum Ausdruck kommt, daß die Anzahl der SRZ rapide abnimmt.[5]

---

1) Vgl. z.B. DIEBOLD /Gefahr/ 3.
2) Vgl. SEIBT u.a. /Erhebungen A/ 32 u. 46-51.
3) Vgl. LANGEN /Kosten/ 14-24 und SZYPERSKI /Entwicklungsstand/ 16.
4) Vgl. SEIBT u.a. /Unternehmungsplanung/ 9-11.
5) Vgl. z.B. DIEBOLD /Gefahr/ 1 ff. und STEINBACH /Kooperationsfelder/ 5-6.

Die zu entwickelnden Kostenrechnungsempfehlungen sind also zunächst als methodische Hilfestellungen für jene Gruppe der unter Wettbewerbsbedingungen arbeitenden RZ gedacht, in denen keine eigene Kostenrechnungsabteilung vorhanden ist, kostenrechnungsbezogenes Know How daher entweder fehlt oder aber nur eine ungenügende Beachtung erfährt. Im wesentlichen ist dies die Gruppe der kleinen und mittleren Service-Rechenzentren.[1)] Sie kann klassifiziert werden in:[2)]

- freie (d.h. herstellerunabhängige) RZ
- Gemeinschafts-RZ
- Hersteller-RZ
- ausgelagerte RZ von Großunternehmungen.

2.2 Nicht marktorientierte Rechenzentren

Aufgrund der Tatsache, daß diese Arbeit aus dem Projekt SEDIS[3)] hervorgegangen ist, beziehen sich die empirischen Erhebungen zur Kostenrechnung, deren Ergebnisse im folgenden Kapitel dargestellt werden, auf die Gruppe der Service-Rechenzentren. Ungeachtet dieses Umstandes sind jedoch die entwickelten konzeptionellen Kostenrechnungs-Empfehlungen nicht an bestimmte rechtlich-organisatorische Formen von Rechenzentren gebunden und daher auch für andere Typen von RZ von Bedeutung. Die Relevanz der Empfehlungen auch für nicht marktorientierte RZ kann wie folgt begründet werden:

---

1) Ihre Anzahl kann mit etwa 150 bis 200 von insgesamt 270 existierenden SRZ geschätzt werden. Diese Gruppe umfaßt Rechenzentren mit zwei bis etwa 30 Mitarbeitern. Die Umsatzzahlen liegen in einem Bereich von ca. 300 000 DM p.a. bis etwa 3 Mill. DM p.a. - Vgl. SEIBT u.a. /Erhebungen A/ 17-23 u. 102-105.

2) Vgl. z.B. LANGEN /Strukturanalyse/ 17-18 sowie HOFMANN /Externe/ 14-17.

3) Vgl. Punkt 1 dieses Kapitels.

- Die organisatorischen Gegebenheiten dieser RZ sind größtenteils sehr ähnlich und können durchaus mit denen von SRZ verglichen werden.

- Aus diesem Grund kann angenommen werden, daß auch die kostenrechnungsbezogenen Probleme und Schwierigkeiten nahezu identisch sind. Diese Vermutung wurde durch Gespräche mit Praktikern bestätigt.

- Da die Rationalisierungswelle auch vor den Türen der RZ nicht haltmacht, sind die kostendeckend arbeitenden RZ in Unternehmungen wie auch im Verwaltungs- und Hochschulbereich in der letzten Zeit zunehmend von Budgetkürzungen betroffen. Daher sind heute - unabhängig von der Formalzielsetzung - mehr denn je alle Formen von Rechenzentren auf geeignete Planungs- und Kontrollinstrumente angewiesen, um Wirtschaftlichkeitsvergleiche anstellen und Möglichkeiten zu Effizienzsteigerungen erkennen zu können.

Die Gruppe der nicht unter Wettbewerbsbedingungen arbeitenden RZ setzt sich im wesentlichen zusammen aus:

- unternehmungsinternen RZ von Großunternehmungen
- RZ der öffentlichen Verwaltung
- Hochschul-RZ.

Unternehmungsinterne Rechenzentren werden heute im allgemeinen ebenfalls als 'Dienstleistungsbetriebe' aufgefaßt,[1] die als zentrale DV-Stellen die Fachabteilungen als Kunden mit DV-Dienstleistungen beliefern. Im Gegensatz zu SRZ verfolgen sie jedoch üblicherweise keine Gewinnziele, es sei denn, den Fachabteilungen steht es frei, für die Abwicklung ihrer DV-Aufgaben zwischen eigenem und externem RZ zu wählen und dadurch Wettbewerbsbedingungen zu schaffen.

---

1) Vgl. auch z.B. GRAEF, GREILLER /Abrechnung/ 445, KANNGIESSER /Abrechnung/ 3, KOREIMANN /Kostenverrechnung/ 116, STÜVE /Leistungsverrechnung/ 496.

Aufgrund der Erschließung immer neuer Anwendungsbereiche wächst der Anteil der DV-Kosten an den Gesamtkosten der Unternehmung und mit ihnen ihre Bedeutung im Rahmen des betrieblichen Rechnungswesens ständig.[1] Im Zuge der Rationalisierungsbemühungen muß daher gerade der Kostenerfassung und -kontrolle von DV-Leistungen im Rahmen der Unternehmungs-Kostenrechnung erhöhte Aufmerksamkeit geschenkt werden.

Zur Gruppe der RZ der öffentlichen Verwaltung gehören sowohl die Rechenzentren der Bundesverwaltung (Regierungsrechenzentren) als auch die kommunalen Gebietsrechenzentren. Letztere sind "freiwillige Zusammenschlüsse von Landkreisen, Städten und Gemeinden, welche ohne Zuschüsse die Kosten der Datenverarbeitung selbst tragen."[2] Es handelt sich hierbei also um kooperative RZ, die in vielen Bundesländern für - nach regionalen Kriterien abgegrenzte - Einzugsbereiche Datenverarbeitungs-Dienstleistungen erbringen. Sie sind meist wirtschaftlich-rechtlich selbständig und streben keine Gewinnziele an.

Die Einsicht, daß auch kostendeckend arbeitende RZ von Bund, Ländern und Gemeinden betriebswirtschaftliche Steuerungsmittel und Entscheidungshilfen einsetzen müssen, um Aussagen über Einsparungen, Rationalisierungseffekte und Unwirtschaftlichkeiten machen zu können, kommt besonders dadurch zum Ausdruck, daß in den letzten Jahren verstärkt Bestrebungen zu beobachten waren, den Nutzen einer systematischen Kosten- und Leistungsrechnung herauszustellen und diesbezügliche Richtlinien und Vorschläge für Verwaltungs-RZ zu erarbeiten.[3]

Eine gewisse Sonderstellung innerhalb der betrachteten Zielgruppe nehmen die Hochschulrechenzentren ein. Aufgrund ihres primären Auftrages, Rechenkapazität für Forschung und Lehrbetrieb zur Verfügung zu stellen, weicht ihr Aufgabenprofil deutlich von dem der

---

1) Vgl. z.B. MERTENS /Systematisches/ 32-33.
2) HACKL /Ablauforganisation/ 181.
3) Vgl. z.B. BM des Innern /Kontingentierungshandbuch/, /Rechenzentren/, /Verfahrensentwicklung/, LANGE u.a. /Vorschlag/, STEIN, WIEDEMANN /Kosten-/.

übrigen Rechenzentrumsformen ab.[1] Die Zahl der RZ-Benutzer ist außerordentlich groß (Studenten, Forscher, Institute etc.). Daraus resultiert für die Plankostenrechnung das Problem, daß "im Gegensatz zu betrieblichen und Service-Rechenzentren ... in einem Hochschulrechenzentrum kaum eine einigermaßen exakte Kapazitätsbelegungsplanung durchgeführt werden"[2] kann.

Im Gegensatz dazu lassen sich die Aufgaben, die Hochschul-RZ im Rahmen der Hochschulverwaltung und des Bibliothekswesens zu erfüllen haben, durchaus mit denen kommerzieller Rechenzentren vergleichen.

Die Formalzielsetzung von Hochschul-RZ kann mit dem Begriff 'Kostenbudgeteinhaltung' umschrieben werden. D.h. mit gegebenen Mitteln sollte ein Höchstmaß an Output hervorgebracht werden.

Vor dem Hintergrund der Tatsache, daß jährlich je Hochschul-RZ einige Millionen DM aus den ohnehin knappen öffentlichen Mitteln aufgebracht werden müssen, hat die Ermittlung brauchbarer Wirtschaftlichkeitsaussagen im Hochschulbereich gerade in den letzten Jahren erheblich an Bedeutung gewonnen.[3]

3. Vorgehensweise

Die drei umfangreichen, im Projekt SEDIS durchgeführten empirischen Erhebungen bilden den Ausgangspunkt dieser Arbeit. Von Experten der SRZ-Branche wurde angeregt, aufbauend auf und ergänzend zu den Ergebnissen dieser Erhebungen eine spezielle Erhebung zum

---

1) Vgl. z.B. EDELHOFF /Hochschulrechenzentren/ 341 ff., HANSEN, WECKMANN /Kapazitätsplanung/ 40 und WALL /Verbund/ 30. Eine umfassende Auflistung der Besonderheiten von Hochschul-RZ gegenüber RZ der Wirtschaft und Verwaltung geben SCHMITZ, HASENKAMP /Nutzungsformen/ 196.
2) HANSEN, WECKMANN /Kapazitätsplanung/ 40.
3) Vgl. auch LUTTERMANN /Abrechnungs-/ 117-118.

Stand der Anwendung von Kostenrechnungssystemen bei ausgewählten Rechenzentren durchzuführen. Interviews mit Praktikern zur Strukturierung des zugrundegelegten Fragebogens sowie diese spezielle Erhebung wurden im zweiten Halbjahr 1980 durchgeführt.

Die kostenrechnungsrelevanten Ergebnisse dieser insgesamt vier Erhebungen werden zunächst dargestellt, wobei der Versuch unternommen wird, eine Analyse des derzeitigen Anwendungsstandes von Kostenrechnungssystemen in der RZ-Branche vorzunehmen.

Aufbauend auf dieser Analyse, die auch eine Zusammenstellung der festgestellten methodischen Unzulänglichkeiten beinhaltet, sollen für die in Gliederungspunkt 1 skizzierten Aufgabenkomplexe konzeptionelle Empfehlungen entwickelt werden. Diese Empfehlungen orientieren sich zum großen Teil an den Aussagen bzw. Vorgehensweisen jener unter Wettbewerbsbedingungen arbeitenden RZ, die im Projekt SEDIS als besonders fortschrittlich identifiziert und daher befragt wurden. Ergänzend hierzu werden in vielen Fällen in der Literatur gefundene Hinweise in den Rahmen der konzeptionellen Empfehlungen eingearbeitet.

Die Empfehlungen werden aus Gründen der Übertragbarkeit so gehalten, daß sie für eine möglichst große Anzahl aus der betrachteten Zielgruppe Ansatzpunkte für Weiterentwicklungsmöglichkeiten geben können, wodurch Generalisierungen in Kauf genommen werden müssen. Die vorgeschlagenen Empfehlungen müssen daher um die situationsspezifischen Erfordernisse bei den jeweiligen RZ ergänzt werden.

B Entwicklungsstand der Kostenrechnung in SRZ – Ergebnisse empirischer Erhebungen –

1. Kostenrechnungsbezogene Ergebnisse der SEDIS-Erhebungen

Die generelle Bedeutung eines fortschrittlichen Kostenrechnungssystems (KRS) für SRZ kann anhand der Auswertung der Experteneinschätzungen bzgl. der Kostenrechnung in SRZ als Planungs- und Kontrollinstrument veranschaulicht werden:[1]

25 von 27 Experten halten die Erstellung, Einführung und Nutzung eines auf SRZ-Bedürfnisse zugeschnittenen KRS mit KA-, KSt- und KTr-Rechnung sowie praktikabler Kalkulationsgrundlage für wichtig. 15 Experten erachten eine Teilkostenrechnung für mittlere und kleine SRZ für sinnvoll. Ihre Argumentation umfaßt im wesentlichen zwei Punkte: bessere Bewältigung der Managementaufgaben (verbesserte Kostenkontrolle, frühzeitige Reaktion auf Preis- und Beschäftigungsschwankungen) sowie größere Transparenz des Dienstleistungsangebots durch überschaubare Kostenvoranschläge.

9 Experten halten die Einführung von Teil-KRS in mittlere und kleine SRZ für nicht realisierbar, da hiermit nach ihrer Meinung zu hoher personeller und methodischer Aufwand verbunden sei und die Preisbildung anhand durchschnittlicher Marktpreise durch Teilkostenrechnungen nicht ersetzt werden könne. Ferner vertreten die Experten die Ansicht, daß die Anwendung von Grenzkostenrechnungen erst ab einer gewissen Anzahl von im SRZ installierten Anwendungen sinnvoll sei.

Offensichtlich beziehen sich diese Aussagen primär auf die Preisbildung. Damit wird aber nur ein Zweck von Teil-KRS angesprochen. Die Trennung von fixen und variablen sowie Einzel- und Gemeinkosten ist auch für die Kostenkontrolle und für die Lösung von Optimierungsaufgaben (z.B. Optimierung des Produktionsprogramms) unabdingbar. Diese Aspekte werden oftmals nicht erkannt oder leichtfertig außer acht gelassen.

---

1) Vgl. SEIBT u.a. /Erhebungen C/ 40-42.

1.1 Anzahl der Kostenarten, -stellen und -träger[1)]

Bzgl. der Anzahl der Kostenarten, -stellen und -träger in SRZ ergaben sich - selbst bei SRZ mit vergleichbarer Dienstleistungsstruktur und Größe - recht erhebliche Unterschiede. So reicht das Spektrum der Anzahl der Kostenarten (KA) von Null bis 280, das der Kostenstellen (KSt) von Null bis 40, und hinsichtlich der Kostenträger (KTr) wurden Zahlen bis zu 600 genannt. 2 der befragten SRZ geben keine KA, KSt und KTr an:

---

1) Frage 25b des Interviewleitfadens - vgl. OEHLER /Erhebungen B/ 33.

Interview-Nr.	Anzahl der in einer Unternehmung unterschiedenen Kostenarten	Kostenstellen	Kostenträger
1	4	5	4
2	-	-	-
3	80	7	8
4	-	5	1
5	20	2	25
6	4	6	20
7	8	4	3
8	10	4	-
9	45	12	600
10			
11	280	30	100
12	4	6	3
13	50	10	-
14	?	?	?
15	20	6	4
16	20	6	100
17	2	2	3
18	120	40	-
19	30	-	-
20	-	-	-
21	40	-	-
22	20	6	20
23	20	9	9
24	-	10	-
25	30	-	-
26	?	?	?
27	7	-	-
28	70	7	30
29	40	6	30
30	20	22	10
31	50	6	70
32	27	10	7
33	80	40	225
34	15	5	-
35	45	10	50-10
36	24	3	5
37	30	12	-
38	40	4	-
39	50	30	40
40	?	?	?

Tab. 1: Anzahl der in SRZ unterschiedenen KA, KSt und KTr

Diese Zahlen signalisieren, daß erhebliche Abgrenzungsschwierigkeiten bzgl. der Begriffe Kostenarten-, Kostenstellen- und Kostenträgerrechnung bestehen.

Die extrem stark variierenden Angaben zur Kostenträgerzahl und die Tatsache, daß 14 SRZ (35%) keine KTr besitzen, lassen den Schluß zu, daß insbesondere die Kostenträgerstückrechnung in SRZ erhebliche methodische Mängel aufweist. Dies bedeutet, daß viele Service-Rechenzentren offensichtlich keine systematische, auf KA- und KSt-Rechnung aufbauende Kalkulation durchführen, da sie ihre Kostenträger entweder nicht kennen oder nicht hinreichend definiert haben.

1.2 Kenntnisgrad der fixen Kosten[1)]

Eine aussagefähige Kostenrechnung als betriebspolitisches Instrument und somit als Entscheidungshilfe für die Unternehmungsführung muß die Kenntnis der fixen Kosten, d.h. der Kosten der Aufrechterhaltung der Betriebsbereitschaft beinhalten, um Teilkostenrechnungen zu ermöglichen, die für unternehmerische Entscheidungen wesentlich höhere Aussagekraft besitzen als die traditionelle Vollkostenrechnung. Unter Berücksichtigung dieser Tatsache ist es erstaunlich, daß immerhin 17,8% (16 von 90 SRZ) angeben, ihre fixen Kosten nicht zu kennen:

---

1) Frage 12a des Fragebogens - vgl. SEIBT u.a. /Erhebungen A/ 61-62.

	absolut	relativ
keine Angabe	7	7,8%
nein	16	17,8%
ja	67	74,4%
Summe	90	100,0%

Tab. 2: Kenntnisgrad der fixen Kosten

Die Verteilung nach Größenklassen der SRZ zeigt, daß in den großen SRZ (über 50 Mitarbeiter) in 95% der Fälle die fixen Kosten bekannt sind, während von den mittleren (11-50 Mitarbeiter) nur etwa 2/3 die Kenntnis der Fixkosten angibt:

Nennungen \ Größenklassen	1	2	3	4	
absolut	7	19	22	19	67
relativ	64%	73%	66%	95%	--

Tab. 3: Kenntnisgrad der fixen Kosten nach Größenklassen

1.3 Durchführung von Deckungsbeitragsrechnungen[1)]

Die Deckungsbeitragsrechnung (DBR) setzt ein Teilkostenrechnungssystem voraus.[2)] Aufgrund der Einbeziehung der Erlösseite in die Kostenrechnung stellt sie ein wertvolles Instrument zur Lösung von Entscheidungs-, Planungs- und Kontrollaufgaben dar (z.B. für Absatzanalysen, Programmplanung sowie Preiskalkulationen).[3)]

Die Auswertung der Frage nach der regelmäßigen Durchführung von Deckungsbeitragsrechnungen[4)] ergibt folgende Zusammenstellung:

Durchführung DBR \ Nennungen	absolut	relativ
keine Angabe	8	8,9%
für alle Leistungsarten	41	45,6%
für best. Leistungsarten	22	24,4%
weder noch	19	21,1%
Summe	90	100,0%

Tab. 4: Durchführung von DBR in SRZ

1) Der (Stück-)Deckungsbeitrag eines Erzeugnisses ist definiert als Differenz zwischen entscheidungsrelevantem (Stück-)Erlös und entscheidungsrelevanten (Stück-)Kosten. Er sagt aus, wie sich der Erfolg bei Zu- oder Abnahme der abgesetzten Menge um eine Einheit ändert. - Vgl. z.B. HUMMEL, MÄNNEL /Kostenrechnung 2/ 38.

2) Man unterscheidet Deckungsbeitragsrechnungen auf Grenzkostenbasis, bei denen dem Stückerlös die proportionalen Stückkosten gegenübergestellt werden, und Deckungsbeitragsrechnungen auf Basis der relativen Einzelkostenrechnung, wobei unter Zugrundelegung von hierarchisch strukturierten Kosten- und Erlöskategorien die relativen Einzelkosten eines Kalkulationsobjekts die entscheidungsrelevanten Kosten darstellen. - Vgl. z.B. KLOOCK u.a. /Kosten-/ 205 ff.

3) Vgl. z.B. RIEBEL /Deckungsbeitragsrechnung/ 162 ff., 224 ff. u. 254ff. sowie KILGER /Einführung/ 294 ff.

4) Frage 12b des Fragebogens - vgl. SEIBT u.a. /Erhebungen A/ 62-63.

Etwa 2/3 der kleinen SRZ führen keine Deckungsbeitragsrechnung durch. Von den SRZ der anderen Größenklassen führen nur etwa jeweils die Hälfte Deckungsbeitragsrechnungen durch:

Größenklassen / Durchführung DBR	1		2		3		4	
	abs.	rel.	abs.	rel.	abs.	rel.	abs.	rel.
für alle Leist.arten	1	9%	13	50%	19	58%	9	45%
für best. Leist.arten	2	18%	10	38%	4	12%	6	30%
weder noch	7	64%	1	4%	7	21%	4	25%

Tab. 5: Durchführung von DBR nach Größenklassen

Sofern nur für bestimmte Leistungsarten DBR angewendet werden, handelt es sich dabei fast immer um die Leistungsarten 'Programmierung' und 'Datenerfassung'. Dies ist auf die Tatsache zurückzuführen, daß in diesen beiden Bereichen die Personalkosten, die hier den größten Kostenanteil ausmachen, projekt- oder auftragsbezogen als relative Einzelkosten erfaßt und direkt verrechnet werden können. Der Deckungsbeitrag je Projekt (Auftrag) auf Einzelkostenbasis läßt sich dann wie folgt ermitteln:

  projekt- (auftrags-)bezogener Erlös
\- projekt- (auftrags-)bezogene Kosten

= projekt- (auftrags-)bezogener Deckungsbeitrag.

1.4 Praktizierte Angebotskalkulationsarten[1)]

33 SRZ geben zu dieser Frage an, Vorkalkulationen durchzuführen. 8mal werden der Bereich Softwareentwicklung und 11mal Leistungen aus dem Produktionsbereich[2)] genannt. 2 SRZ führen Vorkalkulationen ausschließlich bei der Entwicklung neuer Produkte durch.

Hinsichtlich der Realisierung von Nachkalkulationen überwiegt die projektbezogene Nachkalkulation (mit 15 Angaben). Die anderen Antworten beziehen sich auf die Häufigkeit, nicht aber auf bestimmte Leistungsarten oder Betriebsbereiche: 6mal wird vierteljährlich, 5mal monatlich, 4mal halbjährlich und 2mal jährlich nachkalkuliert.

Die Schwierigkeiten bei der Kalkulation liegen nach den Angaben der Interviewpartner hauptsächlich in zwei Bereichen: bei Datenfernverarbeitungsanwendungen[3)] und im Bereich der Softwareentwicklung.

Bzgl. der Datenfernverarbeitungsanwendungen werden folgende Probleme genannt: weitgehendes Fehlen aussagefähiger DFÜ-bezogener Accounting-Systeme,[4)] folglich Nicht-Meßbarkeit der RZ-Beanspruchung und Unmöglichkeit verursachungsgerechter Abrechnungen sowie Mangel an Erfahrung.

Im Bereich Softwareentwicklung wird als Schwierigkeit genannt, der Aufwand für Individualprogramme sei aufgrund mangelnder exakter Kundenvorgaben kaum schätzbar, und Anpassungen müßten später durch das SRZ kostenlos durchgeführt werden, weil die Kunden Festpreisangebote verlangten.

---

1) Fragen 26 und 27 des Interviewleitfadens - vgl. OEHLER /Erhebungen B/ 34-36. Diese Fragen wurden von der Verfasserin anhand der Einzelantworten z.T. genauer ausgewertet.
2) Zur Unterscheidung von Produktions- und Beratungs- und Entwicklungsbereich in SRZ vgl. die Ausführungen in Punkt 2.1 dieses Kapitels.
3) Zur Klassifikation der DFV-Anwendungen eines SRZ vgl. SEIBT u. a. /Erhebungen C/ 123-124.
4) Vgl. auch KANNGIESSER /Abrechnung/ 20-22 und GRAEF /Strukturelle/ 59-60.

1.5 Vorgehensweisen bei der Preisgestaltung[1)]

Der Preisbildungsprozeß beinhaltet die Berücksichtigung sowohl von Kosten- als auch von Erlösaspekten. Von der Kostenseite her muß bekannt sein, aus welchen Kostenbestandteilen sich der Preis zusammensetzt (variable/fixe Kosten, Einzel-/Gemeinkosten), um (kurzfristige) Preisuntergrenzen ermitteln zu können. Auf der Erlösseite sind Marktuntersuchungen anzustellen, um auf der Grundlage von Marktdaten (Soll-)Deckungsbeiträge und damit Preise planen zu können.

Eine Zusammenstellung der in SRZ praktizierten Vorgehensweisen bei der Preisermittlung ergibt folgenden Überblick:

10 SRZ kalkulieren ausschließlich kostenorientiert. 9 SRZ praktizieren kombinierte Vorgehensweisen aus kosten- und konkurrenzorientierter und 11 SRZ Kombinationen aus kosten-, konkurrenz- und nachfrageorientierter Preisgestaltung.

Insgesamt wird die kostenorientierte Vorgehensweise (entweder allein oder mit anderen kombiniert) 35mal genannt, die konkurrenzorientierte 26mal. Sieht man dieses Ergebnis im Zusammenhang mit der Tatsache, daß eine große Anzahl SRZ ihre fixen Kosten nicht kennt,[2)] kann vermutet werden, daß viele SRZ zwar kostenorientiert kalkulieren, daß es sich dabei aber häufig um Vollkostenrechnungen handelt.

Das Kriterium 'marktorientiert' wird (in Kombination mit kosten- und/oder konkurrenzorientierter Vorgehensweise) nur viermal genannt, obwohl gerade die Branche der Service-Rechenzentren sehr stark von dem schnellen wirtschaftlichen und technologischen Wandel betroffen ist und daher für sie Kenntnisse der Marktstruktur von großer Wichtigkeit sind. Es muß daher festgestellt werden, daß

---

1) Frage 24 des Interviewleitfadens - vgl. OEHLER /Erhebungen B/ 32. Auch diese Frage wurde von der Verfasserin anhand der Einzelantworten neu ausgewertet.
2) Vgl. Punkt 1.2 dieses Kapitels.

viele mittlere und kleine SRZ (wenn nicht sogar die Mehrzahl) ihre Preise konkurrenzorientiert auf Vollkostenbasis kalkulieren. Dadurch aber wird die Anpassungsfähigkeit an veränderte Marktdaten (bspw. an Nachfrageschwankungen) stark eingeschränkt, weil die Kostenbestandteile des Angebotspreises und damit Preisuntergrenzen nicht bekannt sind.

2. Auswertungsergebnisse der ergänzenden Fragebogenerhebung

Aufbauend auf die kostenrechnungsrelevanten Teilergebnisse der SEDIS-Erhebungen wurde auf Anregung von Experten der SRZ-Branche ein detaillierter Fragebogen entwickelt, der sich speziell auf die in SRZ praktizierte Kostenrechnung bezieht. Diese Fragebogenerhebung bietet eine aktualisierte empirische Basis für die zu entwickelnden konzeptionellen Vorgehensanleitungen.

Aufgrund der dargestellten SEDIS-Ergebnisse darf erwartet werden, daß in größeren SRZ (bezogen auf Umsatz und Mitarbeiterzahl) eher praktikable KRS zur Anwendung kommen als in mittleren und kleinen. Die Fragebogenerhebung soll daher auch praktische Hinweise von größeren Service-Rechenzentren für das zu entwicklende Kostenrechnungskonzept für die in Punkt 2 des Kapitels A beschriebene Zielgruppe liefern.

Es wurden Fragebogen an 40 SRZ verschickt. Bei diesen SRZ handelt es sich um dieselben, die in der Interviewrunde des Projektes SEDIS befragt wurden, weil sich diese als besonders fortschrittlich erwiesen hatten. 19 Fragebogen sind beantwortet zurückgesandt worden. Das entspricht einer Rücklaufquote von 47,5%. Unter den 19 SRZ befinden sich 14 freie, 3 Gemeinschafts- und 2 ausgegliederte SRZ.

2.1 Notwendigkeit der Unterscheidung von Produktionsbereich und Beratungs- und Entwicklungsbereich[1)]

Um den detaillierten Fragebogen zur Durchführung der Kostenrechnung in SRZ zu testen, wurden zu Spezifizierungszwecken und zur Beseitigung möglicher Unklarheiten mehrere Interviews mit Praktikern der SRZ-Branche durchgeführt. U.a. wurde dabei die Anregung gegeben, bei der schriftlichen Befragung die Möglichkeit einer Teilung des Service-Rechenzentrums in Produktionsbereich (Rechenzentrumsbetrieb) einerseits und Beratungs- und Entwicklungsbereich andererseits zu berücksichtigen, da sich beide Bereiche hinsichtlich Struktur und Organisation erheblich voneinander unterscheiden, und somit vielfältige Unterschiede der Kostenrechnung zu berücksichtigen sind.

Die Auswertung der Frage nach der Zweckmäßigkeit einer solchen Trennung bestätigt die Ansicht der interviewten Praktiker:

ja	nein	keine Antwort
16	2	1

Tab. 6: Zweckmäßigkeit einer Teilung des SRZ in Produktionsbereich und Beratungs- und Entwicklungsbereich

Die von den Beantwortern abgegebenen Begründungen für eine Trennung der Bereiche lassen sich wie folgt skizzieren:

Die beiden Bereiche haben unterschiedliche Strukturen und stellen dementsprechend unterschiedliche Anforderungen an die Unternehmungsführung und damit auch an die Kostenrechnung. Es handelt sich hinsichtlich der Personal- und Betriebsmittelzuordnung und somit

---

1) Einführungsfrage des Fragebogens - vgl. Anlage A.

auch rechnungsmäßig um zwei getrennte Bereiche: während im Produktionsbereich der größte Teil der Kosten die zur Verfügung gestellte Hardware und Software betrifft und hier i.d.R. nur wenige Fachleute (aus dem Bereich des Operating) benötigt werden, arbeitet der Beratungs- und Entwicklungsbereich sehr personalintensiv, so daß sich die Kostenarten beider Bereiche stark unterscheiden.[1)]

Unter Berücksichtigung der Tatsache, daß die Trennung der Bereiche nicht trennscharf vorgenommen werden kann, da beide Bereiche einander überlappen, kann die Organisationsstruktur von Rechenzentren wie folgt skizziert werden:

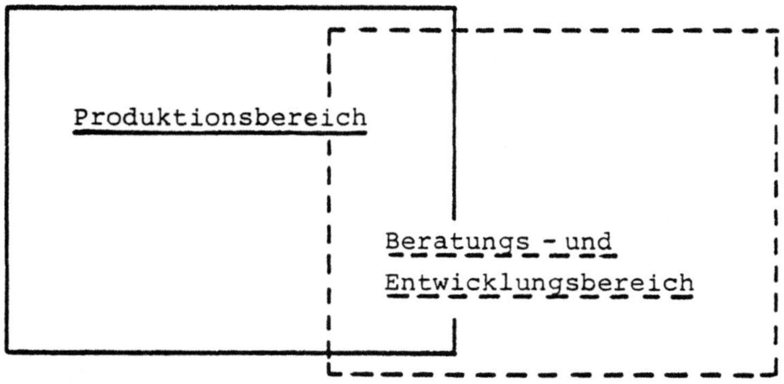

Abb. 1: Organisationsschema eines Rechenzentrums

---

1) Die abrechnungstechnische Trennung von laufendem RZ-Betrieb und dem Sektor Anwendungsentwicklung ist auch in der neueren Literatur, die sich mit der Abrechnung von DV-Dienstleistungen unternehmungsinterner Rechenzentren befaßt, häufig zu finden. Danach können die Kosten für DV-Dienstleistungen eingeteilt werden in solche, die sich aus dem laufenden RZ-Betrieb ergeben ('Produktionskosten' wie z.B. Datenerfassungskosten, Hardwarekosten, Materialkosten, Datenübertragungskosten) und solche, die im Bereich Anwendungsentwicklung anfallen ('Entwicklungskosten' wie z.B. Personalkosten). - Vgl. hierzu vor allem BOTTLER u.a. /Methoden/ 190, HORVÁTH u.a. /Controlling/ 146, GRAEF, GREILLER /Organisation/ 397, SCHMITT /Kostenverteilung/ 54. Diese Ausführungen lassen sich auf Service-Rechenzentren übertragen, allerdings sind hier Nachfrager nach DV-Dienstleistungen anstelle der Fachabteilungen Marktteilnehmer.

Das Auswertungsergebnis dieser ersten Frage bestätigt die Auffassung, daß sich die Branche der SRZ in einem Strukturwandlungsprozeß befindet. Die Tatsache, daß 16 SRZ (84%) die Trennung von Produktions- und Beratungs- und Entwicklungsbereich als sinnvoll erachten, erlaubt den Schluß, daß die Mehrzahl der Service-Rechenzentren die Notwendigkeit erkannt hat, ihr Dienstleistungsangebot besonders bzgl. umfassender Beratungsaktivitäten zu erweitern. Das SRZ ist nicht mehr ausschließlich 'Produktionsstätte'[1], sondern bietet neben dem Verkauf von Maschinenzeit vermehrt Beratungs- und Entwicklungsleistungen an.[2]

Durch qualifizierte Beratungsaktivitäten kann auch der in der Vergangenheit häufig zu beobachtenden 'Steigbügelfunktion' von SRZ entgegengetreten werden.[3]

Eine Zusammenstellung möglicher Absatzleistungen der beiden Bereiche von SRZ ist in Anlage B dargestellt.

2.2 Praktizierte Kostenartenrechnung in SRZ

Nur drei der 19 zurückgesandten Fragebogen enthalten zu der Frage nach den Kostenarten keine Angaben. Daraus kann geschlossen werden, daß aus Sicht der Service-Rechenzentren kaum Probleme bei der

---

1) Die Synonyme 'Produktionsstätte' oder 'Produktionsbetrieb' für den RZ-Betrieb findet man u.a. bei: CHRISTO, LICHT /Produktionsstätte/ 32 ff., HORVÁTH u.a. /Controlling/ 145, WALL /Merkmale/ 3 und WINDFUHR /Produktionsbetrieb/ 1. - Es liegt dabei die Auffassung zugrunde, das RZ produziere wie ein Industriebetrieb Güter - in Form von Informationen. Die Betriebsmittel sind ADV-Anlage und Peripheriegeräte. - Vgl. dazu auch Punkt 3.1 des Kapitels C.

2) "Die Dienstleistungspalette eines modernen Service-Rechenzentrums ist äußerst vielseitig, reicht sie doch vom Verkauf von Maschinenzeit bis zum eigentlichen Full-Service." - WICKI /Pro und Kontra/ 24.

3) Die Steigbügelfunktion von SRZ kann charakterisiert werden als Vermittlung erster DV-Erfahrungen an Neuanwender im Hinblick auf eine spätere In-Haus-Lösung. - Vgl. hierzu SEIBT u.a. /Erhebungen C/ 77-78.

Kostenartenrechnung vorliegen. Dies ist in erster Linie auf eine weitgehend branchenneutrale Standardisierung einer Kostenartengruppeneinteilung zurückzuführen.

2.2.1 Abgrenzung von Kostenarten[1]

Hinsichtlich der Anzahl der Kostenarten ergibt sich zunächst ein ähnliches Bild wie in der Interviewrunde:[2]

Anzahl KA	Keine Angabe	5	6	8	11	19	31	42	48	51	76	81	84	138	291
Anzahl SRZ	3	1	1	2	1	1	1	1	1	2	1	1	1	1	1

Tab. 7: Anzahl der Kostenarten in SRZ (vertiefende Erhebung)

Auch bei hinsichtlich Struktur und Größe vergleichbaren SRZ ergeben sich z.T. erhebliche Unterschiede in der Kostenartenanzahl. Dabei muß jedoch berücksichtigt werden, daß von 16 Beantwortern 11 der Aufforderung nachgekommen sind, ihr Kostenartenverzeichnis beizufügen. Die Anzahl derjenigen Kostenarten, die handschriftlich von den übrigen 5 SRZ aufgeführt werden, variiert zwischen 5 und 11, ist also relativ gering. Es ist daher anzunehmen, daß es sich dabei um Kostenarten<u>gruppen</u> handelt, die, wenn auch vielleicht nicht für Zwecke der Kostenrechnung, so doch zumindest für die Finanzbuchhaltung in detailliertere Kostenarten aufgespaltet werden.[3] Diese Annahme wird bestätigt durch die Tatsache, daß ein

---

1) Frage B1 des Fragebogens - vgl. Anlage A.
2) Vgl. Punkt 1.1 dieses Kapitels.
3) Handels- und steuerrechtliche Grundsätze der Finanzbuchhaltung erfordern einen gewissen Detaillierungsgrad der Kontenklasse 4, welcher i.a. die Kostenarten für kostenrechnerische Zwecke entnommen werden. - Vgl. z.B. ENGELHARDT, RAFFÉE /Grundzüge/ 23-24.

SRZ handschriftlich Kostenarten aufführt, ohne darauf hinzuweisen, daß es sich um Kostenartengruppen handelt, dies geht erst aus dem zusätzlich beigefügten detaillierten Kostenartenplan hervor.

Die niedrigste Kostenartenanzahl unter den beigefügten Kostenartenplänen beträgt 19, auch hier handelt es sich um Kostenartengruppen. In 50% der Fälle werden Zahlen im Bereich von 31 bis 84 genannt, so daß angenommen werden kann, daß in diesem Bereich hinreichend genaue KA-Differenzierungen vorgenommen werden können.

Bzgl. der Art der angegebenen KA und deren Gruppierung ergeben sich ebenfalls Unterschiede. Dies ist auf die Vielfalt und unterschiedliche Gewichtung möglicher Abgrenzungskriterien für KA zurückzuführen. Die am häufigsten genannten KA-Gruppen lassen sich wie folgt charakterisieren:

Alle 16 Beantworter führen - wenn auch in modifizierter Form - die KA-Gruppen 'Personalkosten', 'Materialkosten' und 'Hardwarekosten' auf. Nahezu alle übrigen genannten Kostenarten lassen sich den Kostenartengruppen 'Post- und Transportkosten', 'Raumkosten', 'Kosten für Versicherungen, Beiträge, Rechtsberatung etc.', 'Bürokosten' sowie 'Werbungskosten' zuordnen, so daß diese Aufzählung von KA-Gruppen bereits als ein möglicher KA-Rahmen aufgefaßt werden kann.

2.2.2 Häufigkeit der Trennung von Kostenbestandteilen in Einzel-/Gemeinkosten und fixe/variable Kosten[1)]

Das Auswertungsergebnis der Frage nach der Abgrenzung der Kosten in Einzel- und Gemeinkosten sieht wie folgt aus:

---

1) Fragen B2 und B3 des Fragebogens - vgl. Anlage A.

ja	nein
11	8

Tab. 8: Unterscheidung von Einzel- und Gemeinkosten

Aus der Tatsache, daß 8 SRZ (42%) eine Trennung der Kosten nach Art der Zurechnung auf einzelne Dienstleistungen nicht vornehmen, kann geschlossen werden, daß die Konsequenzen bei Unterlassung dieser Trennung häufig nicht bekannt sind oder nicht hinreichend beachtet werden. Denn die Abgrenzung von Einzel- und Gemeinkosten muß als unbedingte Voraussetzung für eine entscheidungsorientierte KR und insbesondere für die Angebotskalkulation gesehen werden. Folglich sind SRZ häufig nicht in der Lage, bei der Erstellung von Angebotskalkulationen auf detailliertes Zahlenmaterial zurückzugreifen.

Als Probleme werden vor allem Zurechnungsschwierigkeiten bei den Hardwarekosten und das Fehlen sachgerechter Verteilungsschlüssel für die Gemeinkostenverteilung genannt. Diese Punkte sind allerdings branchenunabhängige Problembereiche der entscheidungsorientierten Kostenrechnung, wenngleich vermutet werden kann, daß aufgrund des überdurchschnittlich hohen Gemeinkostenanteils in SRZ diese Probleme verschärft auftreten.

Ein ähnliches, aus methodischer Sicht unbefriedigendes Bild ergibt die Auswertung der Frage nach der Berücksichtigung einer Trennung von fixen und variablen Kostenbestandteilen:

ja	nein
8	10

Tab. 9: Kenntnisgrad der fixen Kosten (vertiefende Erhebung)[1]

Mehr als die Hälfte der SRZ kennt nicht Höhe und Zusammensetzung ihrer fixen Kosten. Die daraus zu ziehenden Konsequenzen sind folgende: die Kostenstruktur in den betreffenden Service-Rechenzentren ist nicht bekannt. Demnach sind auch kostenstellen- und produktbezogene Kostenkontrollen nicht sinnvoll realisierbar. Eine geeignete Informationsbasis für Steuerungszwecke und die Lösung von Optimierungsaufgaben (optimales Produktionsprogramm, Minimierung der Rüstzeiten o.ä.) fehlt ebenfalls. Kalkulationen sind lediglich auf Vollkostenbasis (d.h. aufgrund der Schlüsselung von fixen Kosten willkürlich) möglich.[2]

Das auch in diesem Zusammenhang genannte Problem der Schlüsselung fixer (Gemein-)Kosten bezieht sich vor allem auf die Kostenträgerrechnung, begründet also nicht die Unterlassung einer Trennung von fixen und variablen Kosten für Zwecke der Kostenstellenrechnung (Wirtschaftlichkeitskontrolle) und für Steuerungszwecke.

Zusammenfassend kann die praktizierte KA-Rechnung in Service-Rechenzentren dahingehend charakterisiert werden, daß diese aufgrund der fehlenden Abgrenzungen Einzel-/Gemeinkosten und/oder variable/ fixe Kosten nicht als integrierter Bestandteil einer entscheidungsorientierten KR dient. Die meisten SRZ grenzen zwar Kostenarten ab, häufig geschieht dies jedoch nur für Zwecke der Finanzbuchhaltung.

---

1) Vgl. auch Punkt 1.2 dieses Kapitels.
2) Zur Relevanz der Informationen von Teilkostenrechnungen für die Unternehmungsplanung, -steuerung und -kontrolle vgl. z.B. SCHWEITZER u.a. /Systeme/ 414-417.

2.3 Vorgehensweisen zur Kostenstellenrechnung in SRZ

Die Kostenstelleneinteilung hängt von der Organisation, Größe, Struktur sowie (quantitativen und qualitativen) Zusammensetzung des Dienstleistungsangebots von SRZ ab. Aber auch bei in dieser Hinsicht vergleichbaren SRZ sind die Antworten zu diesem Themenkomplex z.T. recht unterschiedlich.

2.3.1 Anzahl und Art der Kostenstellen[1)]

Folgende Angaben wurden zur Anzahl der Kostenstellen gemacht:

Anzahl KST	nicht auswertbar	0	4	5	6	8	11	17	19	21	22	23	69	82	96
Anzahl SRZ	1	1	1	3	3	1	1	1	1	1	1	1	1	1	1

Tab. 10: Anzahl der Kostenstellen in SRZ (vertiefende Erhebung)[2)]

10 SRZ sind der Bitte um Beilage ihrer Kostenstellenpläne nachgekommen, von denen ein Plan aufgrund mangelnder Nachvollziehbarkeit nicht in die Auswertung einbezogen werden konnte. 8 SRZ geben handschriftlich die KSt an und ein SRZ führt keine KSt-Rechnung durch. Die Anzahl der handschriftlich aufgeführten KSt variiert von 4 bis 11. Die Zahl der KSt der beigefügten Kostenstellenpläne reicht von 6 bis 96. 5 dieser Pläne sind nach Unternehmungsbereichen gegliedert, die ihrerseits die KSt beinhalten. Dabei handelt es sich zweimal um 6, einmal um 9 und zweimal um 10 solcher globalen Bereiche.

---

1) Frage Cl des Fragebogens - vgl. Anlage A.
2) Vgl. auch Punkt 1.1 dieses Kapitels.

Möglicherweise haben einige derjenigen SRZ, die nur wenige KSt angeben, diese noch weiter untergliedert. Dennoch kann aufgrund der z.T. erheblichen Unterschiede bzgl. der KSt-Anzahl auch hier angenommen werden, daß infolge ungenügender Beachtung der Ziele und Vorteile einer Kostenstellenrechnung eine detaillierte, den Anforderungen einer systematischen KR gerecht werdende und den individuellen betrieblichen Gegebenheiten entsprechende KSt-Abgrenzung häufig nicht vorgenommen wird.

Folgende KSt wurden im einzelnen am häufigsten genannt: Maschinensaal (15 Nennungen), Vertrieb (15 Nennungen), Organisation und/oder Programmierung und/oder Entwicklung (insgesamt 12 Nennungen), Beratung (5 Nennungen), Datenerfassung (4 Nennungen), Arbeitsvorbereitung (4 Nennungen). Es handelt sich dabei um Funktions- und Verantwortungsbereiche.[1)]

2.3.2 Berücksichtigte Abgrenzungskriterien bei der Kostenstellenbildung[2)]

Die Frage nach den Abgrenzungskriterien für die KSt-Einteilung ist von 17 SRZ beantwortet worden. Für den Produktionsbereich wird 13mal eine KSt-Einteilung nach Funktionsbereichen, 11mal nach Verantwortungsbereichen, 4mal nach Kostenträgergesichtspunkten und 3mal nach Haupt- und Hilfskostenstellen angegeben.

Im Hinblick auf die Kostenkontrolle ist eine Kostenstelleneinteilung nach Verantwortungsbereichen - die weitgehend der nach Funktionsbereichen entsprechen sollte - unumgänglich.[3)] Das Ergebnis

---

1) Zu Funktionsbereichen werden innerbetriebliche Institutionen, die durch gleiche oder ähnliche Verrichtungen gekennzeichnet sind, zusammengefaßt. Sie decken sich meist mit den im Hinblick auf die Wirtschaftlichkeitskontrolle wichtigen Verantwortungsbereichen. - Vgl. z.B. HUMMEL, MÄNNEL /Kostenrechnung 1/ 101 -102.
2) Frage C2 des Fragebogens - vgl. Anlage A.
3) Vgl. z.B. KILGER /Einführung/ 154-155.

bzgl. dieser beiden Abgrenzungskriterien muß für den Produktionsbereich als positiv bezeichnet werden, da insgesamt 16mal wenigstens eines der beiden Kriterien genannt wird.

Eine KSt-Einteilung nach Kostenträgergesichtspunkten (d.h. Zusammenfassung von Bereichen, die nur von einer Leistungsart in Anspruch genommen werden) sollte nur durchgeführt werden, wenn der Aspekt des Verantwortungsprinzips nicht vernachlässigt wird. Da dies meist nicht möglich ist, werden Kostenträgergesichtspunkte in der Praxis selten berücksichtigt.[1)] Dies wird auch durch das Auswertungsergebnis dieser Frage bestätigt: alle SRZ, die das Kriterium 'Kostenträgergesichtspunkte' angegeben haben, grenzen ihre KSt auch nach Verantwortungs- und/oder Funktionsbereichen ab.

Überraschend hingegen ist die Tatsache, daß nur 3 SRZ eine Differenzierung in Haupt- und Hilfskostenstellen[2)] vornehmen, wobei hinzuzufügen ist, daß diese Einteilung aus keinem der beigefügten KSt-Pläne hervorgeht. Ohne diese Differenzierung ist weder eine innerbetriebliche Leistungsverrechnung, eine sinnvolle Kontrolle der KSt noch die Bildung von brauchbaren Kalkulationssätzen realisierbar.

Die KSt-Einteilung im Beratungs- und Entwicklungsbereich bereitet offensichtlich noch größere Schwierigkeiten: hier unterscheiden lediglich 2 SRZ Haupt- und Hilfs-KSt. 9 SRZ, also weniger als die Hälfte, geben an, ihre KSt nach Verantwortungs- und/oder Funktionsbereichen einzuteilen, 3 SRZ nennen zusätzlich das Kriterium 'Kostenträgergesichtspunkte' und ein SRZ grenzt nur nach KTr-Gesichtspunkten ab. 8 SRZ machen für den Beratungs- und Entwicklungsbereich keine Angaben ihrer Angrenzungskriterien.

Die abgegebenen Begründungen, die sich ausschließlich auf die Abgrenzung nach Verantwortungs- und Funktionsbereichen beziehen, belaufen sich auf die Aspekte Kostenkontrolle und Kostenverantwortlichkeit, so daß auf deren Wiedergabe verzichtet wird.

---

1) Vgl. HUMMEL, MÄNNEL /Kostenrechnung 1/ 102.
2) Vgl. hierzu auch Punkt 2.1 des Kapitels C.

2.3.3 Aufschlüsselung der Kosten auf Kostenstellen[1)]

12 SRZ verteilen alle Kosten auf die Kostenstellen, daher entsprechen sich die Summen der Beträge von KA und KSt. 4 SRZ verteilen nur Teile der Kosten auf KSt, und 3 SRZ nehmen zu dieser Frage keine Stellung.

Die Zuordnung von Kosten auf KSt erfolgt i.a. mittels eines Betriebsabrechnungsbogens (BAB)[2)]. Für Zwecke der Kostenkontrolle ist es sinnvoll, alle Kosten (einschließlich der Kostenträgereinzelkosten) auf die KSt zu verteilen.[3)] Aus der Tatsache, daß 63% der SRZ dies befolgen, kann aber dennoch nicht geschlossen werden, daß diese SRZ auch Kostenkontrollen durchführen, denn die Frage nach der Erstellung eines BAB ergab lediglich 6 positive Antworten. 13 SRZ (mehr als 2/3 der Beantworter) erstellen somit keinen BAB. Berücksichtigt man darüber hinaus die Tatsache, daß von den 6 SRZ, die einen BAB realisieren, nur 5 eine Plankostenrechnung durchführen,[4)] so kann folgende Schlußfolgerung gezogen werden:

Nur 5 von 19 SRZ (26%) realisieren eine systematische Kostenstellenrechnung und sind somit in der Lage, wirksame Kostenkontrollen durchzuführen. Dies ist umso erstaunlicher, als es sich bei den befragten Service-Rechenzentren um fortschrittliche Unternehmungen handelt. Es wird damit die Vermutung erhärtet, daß in kleinen und mittleren SRZ vielfach die Kostenarten (oftmals undifferenziert) anhand von Überschlagsrechnungen mehr oder weniger willkürlich auf einige wenige Unternehmungsbereiche verteilt werden. Durch eine solche Vorgehensweise können weder Kostenkontrollen und Kalkulationen durchgeführt noch brauchbare Informationen für Entscheidungszwecke generiert werden.

---

1) Fragen E1 und E5 des Fragebogens - vgl. Anlage A.
2) Der BAB ist das technisch-organisatorische Instrument zur Durchführung der KSt-Rechnung in tabellarischer Form. Er enthält horizontal die KSt und vertikal die KA. Seine Aufgaben entsprechen denen der KSt-Rechnung. - Vgl. z.B. KILGER /Einführung/ 15-16 und 170.
3) Vgl. KILGER /Flexible/ 505.
4) Vgl. Punkt 2.6 dieses Kapitels.

2.4 Anwendungsstand der in SRZ praktizierten Kostenträgerrechnung

Die zu diesem Fragenkomplex eingegangenen Antworten bestätigen die Vermutung, daß die Kostenträgerrechnung SRZ vor erheblich größere Schwierigkeiten stellt, als dies bei Kostenarten- und Kostenstellenrechnung der Fall ist.[1)]

2.4.1 Abgrenzung von Kostenträgern[2)]

Aus dem Ergebnis, daß 4 SRZ gar keine, 2 SRZ typische Kostenstellen und 5 SRZ irgendwelche z.T. willkürlich erscheinende Konten (z.B. Erlöskonten) als Kostenträger angeben, ist zunächst zu schließen, daß sowohl hinsichtlich des Begriffs 'Kostenträger' selbst als auch seiner überaus wichtigen Funktion bei Angebotskalkulation und Betriebsergebnisrechnung völlig unterschiedliche und teilweise diffuse Auffassungen vorherrschen.

5mal wird für beide Bereiche als KTr der (Kunden-)Auftrag und 2mal - ebenfalls für beide Bereiche - die Produktgruppe genannt. Wie diese Begriffe jeweils abgegrenzt werden, kann den Antworten nicht entnommen werden.

Aufgrund der widersprüchlichen Angaben zu der Frage nach den KTr wird an dieser Stelle auf eine weitergehende Interpretation der Antworten verzichtet. Die Problematik der KTr-Rechnung wird unter Punkt 3 in Kapitel C ausführlich dargestellt.

---

1) Vgl. Punkt 1.1 dieses Kapitels. - Auch in den persönlichen Befragungen von Praktikern in der Strukturierungsphase des Fragebogens wurde mehrfach darauf hingewiesen, daß die Hauptschwierigkeiten der Kostenrechnung in SRZ im Bereich der KTr-Abgrenzung und -Kalkulation liegen.
2) Fragen D1 und D2 des Fragebogens - vgl. Anlage A.

Die Auswertung der Frage nach den berücksichtigten Abgrenzungskriterien erlaubt ebenfalls kaum interpretierende Aussagen, weil die Angaben teilweise im Widerspruch zu den in der vorhergehenden Frage genannten Antworten stehen. Daher wird lediglich die Zahl der verschiedenen Nennungen für beide Bereiche genannt. Anzumerken sei vorher noch, daß 5 SRZ die Frage nicht oder nur für einen Bereich beantwortet haben, und von den restlichen 13 SRZ 9mal wenigstens 2 Kriterien angegeben werden.

Abgrenzungskriterien \ Bereich	Produktionsbereich	Beratungs- und Entwicklungsbereich
Anwendungssysteme	5	2
Leistungspakete (Programmpakete)	8	5
Systementwicklungsphasen	0	1
Art der Kundenaufträge (Beratung, Entwicklung etc.)	5	10
Betriebsarten (Dialog/Batch, Online/Offline)	5	7

Tab. 11: Anzahl der berücksichtigten Abgrenzungskriterien für Kostenträger in SRZ

2.4.2 Häufigkeit der Durchführung von Kalkulationen in SRZ[1)]

Sowohl für den Produktionsbereich als auch für den Beratungs- und Entwicklungsbereich wird 15mal die Durchführung von Vorkalkulationen und 13mal die Durchführung von Nachkalkulationen angegeben.

---

1) Frage A1 des Fragebogens - vgl. Anlage A.

Die projektbegleitende Nachkalkulation[1] wird für den Produktionsbereich 6mal und für den Beratungs- und Entwicklungsbereich 7mal genannt.

Im Hinblick auf die bisherigen Ergebnisse überrascht zunächst die Tatsache, daß fast 80% der SRZ Vorkalkulationen realisieren. Allerdings wird nichts darüber ausgesagt, für welche Kalkulationsobjekte und in welcher Form sie realisiert werden. Vorkalkulationen sind häufig Überschlagsrechnungen oder kalkulatorische Näherungsverfahren.[2] Dies trifft vermutlich auch auf die Mehrzahl der in SRZ erstellten Vorkalkulationen zu, zumal nur 8 SRZ eine Plankostenrechnung durchführen,[3] welche die Voraussetzung für exakte Vorkalkulationen (Plankalkulationen) darstellt.[4]

Aus der Tatsache, daß Nachkalkulationen seltener durchgeführt werden als Vorkalkulationen, kann der Schluß gezogen werden, daß das primäre Ziel der Vorkalkulation in der Befriedigung von Kundenanfragen gesehen wird, denn ohne Nachkalkulation sind Kostenkontrollen aufgrund fehlender Vergleichszahlen nicht möglich. Daraus folgt, daß die Ziele der Nachkalkulation, neben bilanziellen Zwecken, vor allem feststellen zu können, "ob die vorkalkulierten Kosten eingehalten oder überschritten worden sind und welche Beiträge einzelne Produktarten und Aufträge zur Gewinnerzielung geleistet haben"[5], nicht hinreichend beachtet werden. Die Nachkalkulation muß aber als notwendige Ergänzung zur Vorkalkulation gesehen werden, um die Ziele der Kostenrechnung erfüllen zu können.

Projektbegleitende Nachkalkulationen werden i.a. für Leistungen oder Projekte mit langer 'Produktionsdauer' angewendet.[6] Sie sind vor allem als Kontrollrechnungen zur Verbesserung der ur-

---

1) Projektbegleitende Nachkalkulationen sind Zwischenkalkulationen während der Leistungserstellung. - Vgl. z.B. VORMBAUM /Kalkulationsarten/ 39-40.
2) Vgl. KILGER /Einführung/ 290.
3) Vgl. Punkt 2.6 dieses Kapitels.
4) Vgl. KILGER /Einführung/ 294.
5) KILGER /Einführung/ 292.
6) Vgl. z.B. HABERSTOCK /Kostenrechnung I/ 161.

sprünglichen Vorkalkulation aufzufassen.[1] Die Leistungen des Beratungs- und Entwicklungsbereichs können zum großen Teil als solche längerfristigen Projekte aufgefaßt werden,[2] so daß die Zwischenkalkulation wertvolle Informationen zu liefern vermag. Dennoch geben nur 7 SRZ die Erstellung permanenter Nachkalkulationen an.

Da nicht nach den Leistungen gefragt wurde, für die Kalkulationen durchgeführt werden, läßt sich die Tatsache, daß auch im Produktionsbereich in 6 Fällen permanente Nachkalkulationen erstellt werden, nicht hinreichend genau erklären.

2.4.3 Sachumfang der verrechneten Kosten[3]

Für den Produktionsbereich kalkulieren 17 der 19 Beantworter die Leistungen auf Vollkostenbasis. Von diesen 17 SRZ berücksichtigen 7 entweder zusätzlich oder für bestimmte Leistungsarten variable Kostenbestandteile. Lediglich in einem Fall wird ausschließlich mit variablen Kosten kalkuliert.

Insgesamt führen somit 10 SRZ (53%) im Produktionsbereich Vollkostenkalkulationen durch.

Im Beratungs- und Entwicklungsbereich werden in 13 Fällen Kalkulationen auf Vollkostenbasis, in 11 Fällen Kalkulationen unter Berücksichtigung der variablen Kosten durchgeführt. Eliminiert man auch hier die Doppelnennungen, so ergibt sich folgendes Bild: 7

---

1) Vgl. z.B. VORMBAUM /Kalkulationsarten/ 39-40.
2) Ein Projekt kann z.B. die Entwicklung eines neuen Softwareproduktes sein. - Vgl. auch Punkt 1 in Kapitel D.
3) Frage A2 des Fragebogens - vgl. Anlage A.

SRZ kalkulieren ausschließlich mit Vollkosten und 5 SRZ ausschließlich mit variablen Kosten.[1)]

Aus den Zahlen geht hervor, daß im Beratungs- und Entwicklungsbereich eine stärkere Tendenz zu Teilkostenrechnungen besteht als im Produktionsbereich. Daraus könnte geschlossen werden, daß dort die Trennung von fixen und variablen Kosten weniger Schwierigkeiten bereitet. Dieses Ergebnis muß jedoch überraschen, weil im Beratungs- und Entwicklungsbereich fast ausschließlich fixe (Personal-)Kosten anfallen.[2)]

Die Gründe für das Beharren vieler - vor allem mittlerer und kleiner - SRZ auf Vollkostenrechnungen sind in erster Linie mangelnde Kenntnisse geeigneter Kalkulationsverfahren und deren Vorteile, höherer Aufwand für Teilkostenrechnungen sowie vor allem das Argument, der Fixkostenanteil sei im Vergleich zu anderen Branchen sehr hoch.[3)]

---

1) Diese Ergebnisse bestätigen die Gültigkeit der bereits 1975 getroffenen Aussage von CZERANOWSKY und DIEDERICHS, "daß die Mehrzahl der externen Rechenzentren ihre Preise auf der Basis von Vollkosten ermittelt." - CZERANOWSKY, DIEDERICHS /Entwicklung/ 483. - Vgl. auch Punkt 2 des Kapitels A dieser Arbeit.
2) Vermutlich handelt es sich hinsichtlich der Teilkostenkalkulation im Beratungs- und Entwicklungsbereich nicht um variable Kosten, sondern vielmehr um (z.B. einem Auftrag) direkt zurechenbare Kosten (relative Einzelkosten des Auftrags). Dies wird auch durch das Resultat der Frage A4 (Punkt 2.4.5) bestätigt. Dort gibt die Mehrzahl der SRZ an, Stundenaufschreibungen der Mitarbeiter zu realisieren, wodurch eine direkte Kostenzurechnung der Personalkosten je Auftrag, Projekt etc. ermöglicht wird.
3) So ergab bspw. die Untersuchung von CZERANOWSKY und DIEDERICHS, daß in 60% aller SRZ der Fixkostenanteil an den Gesamtkosten mehr als 75% beträgt. - Vgl. CZERANOWSKY, DIEDERICHS /Entwicklung/ 284, Tab. 3.

2.4.4 Problembereiche bzgl. der Kalkulation[1]

13 SRZ geben an, daß das Hauptproblem bei der Kalkulation im Produktionsbereich in der verursachungsgerechten Abrechnung der von den Kunden in Anspruch genommenen Leistungen liegt. Dieser Umstand wird vielfach damit begründet, daß die bestehenden Accountingsysteme - insbesondere bei interaktiver Verarbeitung - entweder mangelhaft oder sehr aufwendig seien.[2] Direkte Kostenverteilung bei Mehrprogrammbetrieb setzt aber den Einsatz von Accountingroutinen voraus.

8 SRZ haben Schwierigkeiten bei der Abgrenzung von fixen und variablen Kosten im Produktionsbereich. In Bezug auf die Vorkalkulation für Leistungen des Produktionsbereichs ist darüber hinaus die Planung der Systembelegung nicht unproblematisch, "da der zukünftige Bedarf an ADV-Systemleistungen mit wachsendem Planungshorizont immer schlechter prognostiziert werden kann."[3]

Im Beratungs- und Entwicklungsbereich ist für 6 SRZ die Trennung von fixen und variablen Kosten und bei 11 SRZ die verursachungsgerechte Abrechnung der Dienstleistungen problematisch. Dies verwundert, da die verursachungsgerechte Abrechnung im Beratungs- und Entwicklungsbereich zumindest als Istrechnung (Nachkalkulation) aufgrund der direkten Verrechnungsmöglichkeit der Personalkosten relativ unproblematisch ist.

Hinsichtlich der Vorkalkulation wird mehrmals die Schwierigkeit der genauen Schätzung von Aufwand und Dauer eines Projektes in der Abgebotsphase genannt. Da die Kunden Festpreisangebote bereits vor Durchführung einer umfassenden Systemanalyse verlangen, erhält dieses Problem besonderes Gewicht.

---

1) Frage A3 des Fragebogens - vgl. Anlage A.
2) Vgl. hierzu auch HANSEN, RÖHRS /Abrechnungsverfahren/ 27 ff. - HANSEN und RÖHRS haben Accountingroutinen verglichen und die Probleme bei Mehrprogrammbetrieb aufgezeigt.
3) KANNGIESSER /Abrechnung/ 74.

2.4.5 Durchführung von Stundenaufzeichnungen der Mitarbeiter von SRZ[1)]

Die Frage, ob von den Mitarbeitern in SRZ Tätigkeitsberichte geführt werden, wurde wie folgt beantwortet:

Ja	Ja, z.T.	Nein
13	2	4

Tab. 12: Durchführung von Stundenaufzeichnungen von SRZ

Die Mehrzahl der SRZ (79%) hat die Notwendigkeit solcher Arbeitsformulare erkannt. Eine verursachungsgerechte Kostenverteilung - vor allem im Beratungs- und Entwicklungsbereich - ist nur möglich, wenn anhand von standardisierten Tätigkeitsberichten nachgewiesen werden kann, wieviel Zeit die Mitarbeiter an bestimmten Projekten oder Aufträgen mitgearbeitet haben. Die Auswertung der Tätigkeitsberichte erfolgt anhand Dauer und Art der Arbeit (6 Nennungen), und zwar projekt- bzw. auftragsbezogen (7 Nennungen). 4 SRZ verwenden die Berichte für Zwecke der Nachkalkulation, 5 SRZ für Zwecke der Kostenstellenrechnung und 1 SRZ für statistische Zwekke. Nur aus 2 Angaben geht explizit hervor, daß die Berichte zur Feststellung und Klärung von Abweichungen (Soll-Ist-Vergleiche) herangezogen werden, und nur 1 SRZ verwendet die Auswertungsergebnisse der Berichte als Grundlage für die Prognostizierung des Manpower-Bedarfs zukünftiger Projekte bzw. Aufträge.

Diese Antworten lassen vermuten, daß zwar vielfach Arbeitsformulare in SRZ Verwendung finden, daß aber zumeist kaum Konsequenzen aus deren Auswertung gezogen werden. Tätigkeitsberichte sollen nicht nur für Zwecke der Kostenstellenrechnung ausgewertet, sondern primär für exakte Nachkalkulationen und Abweichungsanalysen

---

1) Frage A4 des Fragebogens - vgl. Anlage A.

herangezogen werden. Darüber hinaus sollte unbedingt ein Feedback von den Stundenaufzeichnungen zu Vorkalkulationen neuer Entwicklungsdienstleistungen gewährleistet sein. Dies betrifft vor allem die Entwicklung neuer Software-Produkte im Beratungs- und Entwicklungsbereich.

2.4.6 Praktizierung von kurzfristigen Erfolgsrechnungen[1]

Die kurzfristige Erfolgsrechnung (Betriebsergebnisrechnung) setzt ein funktionierendes Kostenrechnungssystem mit differenzierten Kalkulationsergebnissen voraus.

Die Auswertung der Frage, wie oft eine Gewinn- und Verlustrechnung (GuV) in Service-Rechenzentren erstellt wird, ergibt folgende Zusammenstellung:

Häufigkeit	monatlich	vierteljährlich	jährlich	keine Angabe
Anzahl SRZ	15	1	2	1

Tab. 13: Häufigkeit der in SRZ erstellten GuV

Aus 11 der 14 Antworten bzgl. der Positionen der GuV geht hervor, daß sie entsprechend der jährlichen Erfolgsermittlung der Finanzbuchhaltung gegliedert wird. Diese Tatsache führt zu dem Schluß, daß zwar in vielen SRZ eine monatliche GuV erstellt wird, daß aber aufgrund der angewandten Gliederungsschemata kaum Informationen für kostenrechnungsbezogene Zwecke daraus gewonnen werden können.

1) Frage E4 des Fragebogens - vgl. Anlage A.

Für eine sinnvolle Erfolgskontrolle ist die Gliederung der Positionen nach Produktionsfaktoren (Kostenarten) auf der Soll- und nach (Dienst-)Leistungsarten auf der Haben-Seite ungeeignet, da auf diese Weise nur der Gesamterfolg ermittelt werden kann, die Gewinnbeiträge der einzelnen KTr bzw. KTr-Gruppen hingegen nicht nachgewiesen werden können.[1)]

Eine monatliche GuV für Zwecke der Erfolgskontrolle muß modifiziert werden, da nicht Aufwand und Ertrag, sondern Kosten und Leistungen wertmäßig gegenüberzustellen sind. Neutrale Geschäftsvorfälle bleiben dabei unberücksichtigt. Da nicht nur eine globale Erfolgsgröße, sondern in erster Linie der Erfolgsbeitrag einzelner Leistungsarten, Produktgruppen und/oder Geschäftsbereiche ermittelt werden soll, muß der Differenzierungsgrad der Positionen einer solchen monatlich erstellten Betriebsergebnisrechnung zwangsläufig höher sein als jener der jährlichen, in der Finanzbuchhaltung erstellten Gewinn- und Verlustrechnung.[2)]

Eine derart strukturierte leistungsartbezogene Erfolgsermittlung liefert wichtige Informationen für die Unternehmungssteuerung und -kontrolle. Viele SRZ werden daher langfristig auch hinsichtlich der Betriebsergebnisrechnung umdenken müssen.

2.5 Einschätzung der Bedeutung der Kostenrechnung für unternehmerische Entscheidungen[3)]

Der Kostenartenrechnung wird von den SRZ größtenteils Planungs- und Kontrollfunktion zugewiesen.[4)] Planung (z.B. kurz- und mit-

1) Vgl. HUMMEL, MÄNNEL /Kostenrechnung 1/ 40-41.
2) Vgl. KILGER /Einführung/ 392-394 und HUMMEL, MÄNNEL /Kostenrechnung 1/ 40-41 und 176.
3) Fragen E2 und E3 des Fragebogens - vgl. Anlage A.
4) Zum funktionalen Zusammenhang zwischen Planung und Rechnungswesen vgl. SZYPERSKI, WINAND /Zusammenhang/ 10 ff.

telfristige Planung, Kostenplanung, Planungsrechnung o.ä.) wird insgesamt 11mal, Kontrolle (z.B. Budgetvergleich, Vorjahresvergleich, Kostenüberwachung o.ä.) insgesamt 15mal genannt. 2 SRZ haben diese Frage nicht beantwortet.

Dazu ist festzustellen, daß sowohl Planung als auch Kontrolle keinesfalls als isolierte Zwecke der Kostenartenrechnung anzusehen sind. Die Kostenartenrechnung dient als Grundlage für die Kostenstellen- und Kostenträgerrechnung und besitzt in diesem Sinne keinen Selbstzweck, kann also hinsichtlich unternehmerischer Entscheidungen nicht isoliert betrachtet werden. Kontrollen bestimmter Kostenarten in Form von Zeit-, Betriebs- oder Soll-Ist-Vergleichen sind ohne KSt-Rechnung wenig aussagefähig, da sie keine Informationen darüber enthalten, wo die Abweichungen entstanden sind und wer dafür verantwortlich ist.[1)]

Auch der Kostenstellenrechnung werden häufig Planungszwecke (9 Nennungen) und Kontrollaufgaben (insgesamt 14 Nennungen) zugeordnet. 7 SRZ sehen sie als Grundlage für Kalkulationszwecke an. 4 SRZ haben hierzu keine Antwort gegeben.

Unternehmerische Entscheidungen, die allein aus der Kostenstellenrechnung abzuleiten sind, belaufen sich in erster Linie auf die Kontrolle der Wirtschaftlichkeit, weil diese als Selbstzweck der KSt-Rechnung anzusehen ist. Ansonsten gelten für die KSt-Rechnung dieselben Aussagen wie für die KA-Rechnung: auch sie dient als Grundlage für die KTr-Rechnung und liefert als Teilgebiet der Kostenrechnung einen nicht isoliert zu betrachtenden Beitrag im Hinblick auf die Kalkulation und die damit verbundenen Entscheidungs- und Informationsaufgaben.

Auch bzgl. der Entscheidungszwecke der Kostenträgerrechnung wird von 4 SRZ keine Antwort gegeben. Die übrigen Angaben lassen sich fast alle unter die Begriffe 'Kalkulation' und 'kurzfristige Erfolgsrechnung' subsumieren.

---

1) Vgl. z.B. HUMMEL, MÄNNEL /Kostenrechnung 1/ 37-38.

Auffallend ist die Tatsache, daß von fast allen SRZ den drei Teilgebieten der Kostenrechnung dieselben Aufgaben zugeordnet werden. Am häufigsten werden Planungs- und Kontrollfunktionen angegeben, obwohl nur 8 SRZ Plankostenrechnungen[1] durchführen und nur 5 SRZ Kostenkontrollen[2] realisieren.

Bei den meisten genannten Aufgaben handelt es sich um globale Informationszwecke. Nur wenige SRZ geben konkrete Entscheidungssituationen an, für die ihrer Meinung nach das jeweilige Teilgebiet Informationen zur Verfügung stellt.

Die Frage, ob eine Verflechtung der Teilsysteme vorgenommen wird (nur so kann insbesondere die Angebotskalkulation und kurzfristige Erfolgsrechnung zufriedenstellend realisiert werden), wird wie folgt beantwortet:

Verflechtung von KA-, KSt- und KTr-Rech.	Verflechtung von KA- und KSt-Rechnung	keine Verflechtung	keine Angabe
10	1	6	2

Tab. 14: Verflechtung von KA-, KSt- und KTr-Rechnung in SRZ.

Als zusätzliche Zwecke werden genannt: Abstimmung untereinander, Überprüfung der verschiedenen Rechnungsarten, Einsicht in die Kostenstruktur mit Steuerungsfunktion.

1) Vgl. Punkt 2.6 dieses Kapitels.
2) Vgl. Punkt 2.3.3 dieses Kapitels.

2.6 Anwendungsstand von Plankostenrechnungen in SRZ[1)]

Die Durchführung der Plankostenrechnung (PKR) muß analog zur Istkostenrechnung (IKR) erfolgen und beinhaltet folglich auch KA-, KSt- und KTr-Rechnung. Zu beachten ist insbesondere, daß dabei die Kosten geplant werden müssen und nicht auf Vergangenheitswerten beruhen. Ohne PKR sind die entscheidungsorientierten Aufgaben der Kostenrechnung nicht zu erfüllen, denn erst sie stellt Kostendaten zur Verfügung, die im Rahmen der betrieblichen Planung benötigt werden (z.B. für die Entscheidung Eigen- oder Fremderstellung)[2)] und die Wirtschaftlichkeitskontrollen (Soll-Ist-Vergleiche, Abweichungsanalysen) sinnvoll ermöglichen.

Von 8 Service-Rechenzentren, die angeben, eine PKR durchzuführen, realisieren 5 SRZ Plankosten- und Istkostenrechnung auf Vollkostenbasis. 3 SRZ machen hier Angaben, die zu ihren bisherigen Antworten im Widerspruch stehen,[3)] so daß angenommen werden muß, daß die von ihnen praktizierte PKR keinen befriedigenden Stand erreicht hat und/oder nur gelegentlich durchgeführt wird.

Die Frage nach der methodischen Durchführung ihrer PKR wird zwar von 5 SRZ beantwortet. Allerdings geht aus den Angaben nicht die Vorgehensweise hervor. 3 SRZ planen ihre Kosten nur bis zur Kostenstellenrechnung, vermutlich unter der Zielsetzung der Wirtschaftlichkeitskontrolle. 1 SRZ gibt an, eine vereinfachte PKR zu praktizieren, und 1 SRZ erstellt eine Jahresplanung mit vierteljährlicher Anpassung.

Alle 8 SRZ, die eine PKR durchführen, leiten daraus Informationen für kurz- und mittelfristige Entscheidungen ab. 7 SRZ gewinnen In-

---

1) Fragen E5 und E7 des Fragebogens - vgl. Anlage A.
2) Weitere konkrete Planungsaufgaben, für welche die Kostenrechnung Informationen zur Verfügung stellt, werden z.B. aufgeführt bei: LAYER /Informationsinstrument/ 102.
3) 1 SRZ gab an, PKR und IKR auf Teilkosten- und Deckungsbeitragsrechnung zu realisieren, nimmt aber laut eigener Aussagen keine Trennung von fixen und variablen sowie Einzel- und Gemeinkosten vor. Zwei weitere SRZ ordnen sich selbst nur bei 'Istkostenrechnung' ein, obwohl sie vorher angaben, eine PKR durchzuführen.

formationen für Kostenkontrollen, je 5 SRZ für Kalkulationen und für die Personalkostenentwicklung, 4 für Sollkostenermittlungen, 2 für Verbrauchsabweichungen, je 1 für Preis- und Beschäftigungsabweichungen.

Aufgrund des Ergebnisses, daß die PKR in SRZ überwiegend als Vollkostenrechnung realisiert wird, muß bezweifelt werden, daß Informationen für kurzfristige Entscheidungen aus der PKR abgeleitet werden können, weil nicht bekannt ist, aus welchen Kostenbestandteilen sich die geplanten Preise der Kalkulationsobjekte zusammensetzen.

Zusammenfassend kann festgestellt werden, daß die Mehrzahl der SRZ, vor allem mittlere und kleine, keine PKR durchführt, und ihr somit ein wichtiges Instrument zur Unterstützung unternehmerischer Entscheidungen fehlt.

2.7 Zusammenfassung der Ergebnisse

Im folgenden sollen die wichtigsten Ergebnisse aus der ergänzenden Fragebogenerhebung noch einmal herausgestellt werden:

- Bereits in der Kostenartenrechnung zeigen sich aufgrund häufig unvollständiger KA-Pläne und des Außerachtlassens wichtiger Einteilungskriterien die ersten Probleme. Der Abgrenzung von Einzel- und Gemeinkosten sowie der von fixen und variablen Kosten wird häufig nicht in erforderlichem Umfang Bedeutung beigemessen. Dazu muß ausdrücklich festgestellt werden, daß sich Fehler, die in der KA-Rechnung begangen werden, durch das gesamte Kostenrechnungssystem ziehen und durch Kostenstellen- oder Kostenträgerrechnung nicht mehr kompensiert werden können.

- Auch in der Kostenstellenrechnung wird häufig keine befriedigende Abgrenzung und Detaillierung vorgenommen. Die Einteilung der KSt in Haupt- und Hilfskostenstellen fehlt bei fast allen SRZ. Mehr als 2/3 der Service-Rechenzentren verwenden keinen BAB. Die Verteilung der Kosten auf Kostenstellen erfolgt mehrheitlich unsystematisch und nicht verursachungsgerecht. Die Aufgaben der Kostenstellenrechnung, insbesondere die Durchführung von Kostenkontrollen, werden in SRZ meist nicht erfüllt.

- Die größten Probleme zeigen sich in der Kostenträgerrechnung. Bereits die Definition und Abgrenzung der KTr bereitet vielfach Schwierigkeiten. Vorkalkulationen werden häufiger durchgeführt als Nachkalkulationen. Dabei handelt es sich überwiegend um Überschlagsrechnungen und nicht um systematische Vorgehensweisen. Die Hauptschwierigkeiten werden in der schlechten Prognostizierbarkeit des Aufwands für Entwicklungsdienstleistungen und in der mangelhaften verursachungsgerechten Kostenverteilung aufgrund unzureichender Accountingroutinen im Produktionsbereich gesehen.

- Plankostenrechnungen werden in weniger als der Hälfte der SRZ realisiert und dies nahezu immer - wie auch die Istkostenrech--nung - nach dem Vollkostenprinzip.

- Der Nutzen einer detaillierten und aussagefähigen monatlichen Betriebsergebnisrechnung wird von der Mehrzahl der SRZ nicht erkannt.

C Konzeptioneller Rahmen zur Abgrenzung von Kostenarten, Kostenstellen und Kostenträgern für Rechenzentren

Aufgrund des oftmals immateriellen Charakters der Dienstleistungen von Rechenzentren sind vielfältige Unterschiede zur Kostenrechnung von Industriebetrieben erkennbar.

Anzahl und Differenzierungsgrad von Kostenarten, -stellen und -trägern sind abhängig von

- Größe, Struktur und Dienstleistungsspektrum der RZ,
- den individuellen Informationsanforderungen und Zielausrichtungen, die ein RZ an eine Kostenrechnung stellt,
- dem Aufwand, den ein RZ für die Kostenrechnung in Kauf zu nehmen bereit ist.

Es kann sich daher bei den zur Erhöhung der Anschaulichkeit angeführten Beispielen jeweils nur um eine von vielen möglichen Gestaltungsformen handeln.

Bei der Einführung eines Kostenrechnungssystems wird grundsätzlich empfohlen, zunächst mit wenigen typischen Parametern zu arbeiten und über verschiedene Ausbaustufen des Systems dessen Komplexität und damit verbunden dessen Informationswert sukzessive zu erhöhen. So kann eine jederzeitige Transparenz des Kostenrechnungssystems gewährleistet werden.

Aus der Vielzahl möglicher Abgrenzungskriterien für Kostenarten, -stellen und -träger werden jeweils die im Hinblick auf eine entscheidungsorientierte Kostenrechnung in RZ unbedingt zu beachtenden Einflußfaktoren erläutert.

1. Entwicklung eines zielgruppenspezifischen Kostenartenplans

Die Kostenartenrechnung kann als Grundlage für alle weiteren Differenzierungsstufen innerhalb der Kostenrechnung angesehen werden. Ein Kostenartenplan ist daher in der Weise zu konzipieren, daß die für die nachfolgende KSt- und KTr-Rechnung benötigten Informationen daraus abgeleitet werden können.

1.1 Anforderungen an die Kostenartenabgrenzung in Rechenzentren

Bei der Abgrenzung von Kostenarten ist der folgende Grundsatz zu beachten: "Nur vom Volumen her interessante Kosten rechtfertigen eine eigene Kostenart; beeinflußbare Kosten sind stärker als nicht beeinflußbare zu gliedern."[1] Aus einem Kostenartenplan sollten die für eine spezifische Entscheidungssituation relevanten Kosten abgeleitet werden können. Entscheidungsrelevante Kosten sind solche "Kosten, die durch das Ergreifen einer bestimmten Handlungsmöglichkeit tatsächlich veränderbar sind."[2]

---

1) MEDICKE /Kostenplanung/ 1.

2) HUMMEL, MÄNNEL /Kostenrechnung 1/ 76. - In der Grenzplankostenrechnung werden die beschäftigungsvariablen Kosten, in der Einzelkostenrechnung die relativen Einzelkosten als entscheidungsrelevante Kosten bezeichnet. Aufgrund der Bedeutung dieser beiden Kostenbegriffe für entscheidungsorientierte KRS und deren Einsatz in RZ sollen sie nachfolgend kurz erläutert werden: <u>Bezugsgrößenvariable Kosten</u> sind im Gegensatz zu bezugsgrößenfixen Kosten abhängig von Veränderungen der Kosteneinflußgröße. Üblicherweise werden die Begriffe auf den Beschäftigungsgrad bezogen, obwohl dieser nicht die einzige Kosteneinflußgröße darstellt. "Ob eine bestimmte Kostenart als beschäftigungsfix oder als beschäftigungsvariabel einzustufen ist, hängt nicht von ihrer Bezeichnung oder traditionellen Einordnung, sondern ausschließlich davon ab, wie sie im konkreten Einzelfall auf Änderungen des Beschäftigungsgrades reagiert. ... Die Unterscheidung in beschäftigungsfixe und beschäftigungsvariable Kosten ist vor allem für die Analyse des Kostenverhaltens und für die Kostenplanung bedeutsam" (HUMMEL, MÄNNEL /Kostenrechnung 1/ 70-71). Sie erhöht die Transparenz der Kostensituation und

Poensgen schlägt für die Datenverarbeitung eine Einteilung der Kosten unter Berücksichtigung des Zeitbezugs vor:[1)]

- kurzfristig veränderliche Kosten (DV-Material)
- Kosten der mittelfristig erweiterbaren Kapazität (Locher, Kanäle, Trommel etc.)
- Kosten der langfristigen Kapazitätsentscheidung (CPU, Gehälter, etc.).

Die kurzfristig veränderlichen Kosten sind ausnahmslos beschäftigungsvariable Kosten. Bei den anderen beiden Kostengruppen handelt es sich um (sprung-)fixe Kosten, bei denen zu prüfen ist, inwieweit sie sich als relative Einzelkosten auf Kalkulationsobjekte verrechnen lassen.

Unter Beachtung dieser Abgrenzungen ist bei der Aufstellung eines Kostenartenplans folgendermaßen vorzugehen:

- Einteilung der Kosten nach Art der verbrauchten Produktionsfaktoren in natürliche Kostenartengruppen wie Personalkosten, Materialkosten etc.

- Berücksichtigung des Verzehrcharakters (Teilbarkeit) der Kostengüter. Dabei wird unterschieden zwischen Potential- und Repetierfaktoren (Gebrauchs- und Verbrauchsgegenstände).

- Berücksichtigung der Wertkomponente. Kalkulatorische KA sollten zu einer eigenen KA-Gruppe zusammengefaßt werden, weil es sich

---

ist daher für Zwecke der Grenzkostenrechnung von zentraler Bedeutung.
Relative Einzelkosten sind solche Kosten, "die man dem Kalkulationsobjekt (der Bezugsgröße) eindeutig zurechnen kann. Gemeinkosten lassen sich dem betrachteten Kalkulationsobjekt nicht zurechnen, sind aber einer übergeordneten Gesamtheit von Kalkulationsobjekten gemeinsam zurechenbar" (HUMMEL, MÄNNEL /Kostenrechnung 1/ 73-74). Nach dieser Definition sind Einzelkosten nicht notwendig beschäftigungsvariable Kosten und können je nach Kalkulationsobjekt Einzel- oder Gemeinkostencharakter annehmen.

1) Vgl. POENSGEN /Verrechnungspreise/ 25-26.

dabei um von der Finanzbuchhaltung teilweise abweichende Kostenwerte handelt (Anders- und Zusatzkosten).[1]

1.2 Vorschlag eines Kostenartenplans für Rechenzentren

Der nachfolgende Kostenartenplan ist als Orientierungshilfe für die KA-Abgrenzung in Rechenzentren zu verstehen. Es wurde versucht, unter Berücksichtigung der beschriebenen Abgrenzungskriterien einen für die Zielgruppe geeigneten Kostenartenplan zu entwickeln, der einerseits sehr umfassend, andererseits aber auch so flexibel aufgebaut sein sollte, daß er bei Rechenzentren mit Spezialanwendungen noch als Grundkonzept anwendbar ist. Hierzu wurde die Dienstleistungspalette der Zielgruppe genau analysiert und versucht, dem KA-Plan ein idealtypisches Dienstleistungsspektrum zugrundezulegen.[2]

Es wird daher im individuellen Einzelfall erforderlich sein, bestimmte Kostenarten zusammenzufassen oder andere hinzuzufügen.[3]

---

1) Vgl. HABERSTOCK /Kostenrechnung I/ 35.
2) Vgl. Anlage B.
3) Diese Aussagen gelten analog für den nachfolgenden Kostenstellenplan und die Kostenträgersystematik.

K O S T E N A R T E N P L A N[1)]

KOSTENARTENGRUPPE	KOSTENART 1. GRADES	KOSTENART 2. GRADES
1 DV-Material	11 Formulare	111 Einfache Formulare 112 Endlosformulare
	12 Tabellierpapier	
	13 Einmaldatenträger	131 Lochkarten 132 Lochstreifen
	14 Sonst. Datenträger	141 Magnetbänder 142 Magnetplatten
	15 Druckzubehör	151 Farbbänder 152 Drucktücher
	16 Mikrofilme	
	19 Sonst. DV-Material	
2 Personal- und Personalnebenkosten	21 Löhne und Gehälter	211 Löhne 212 Hilfslöhne 213 Gehälter
	22 Sozialleistungen	221 Gesetzl. u. tarifl. Sozialleistungen 222 Freiwillige Sozialleistungen
	29 Sonst. Personalkosten	
3 Betriebskosten für Hardware (HW) und Software (SW)	31 DV-Anlagen, -Geräte u. -Maschinen	311 HW-Miete/ -Leasing 312 HW-Wartung 313 HW-Instandsetzung
	32 Software	321 SW-Miete 322 SW-Wartung
	33 Kosten der Datenfernverarbeitung	331 Leitungskosten 332 Miete für DFÜ-HW 333 Wartung für DFÜ-HW 334 DFÜ-HW-Instandsetzung
	39 Sonst. DV-Betriebskosten	
4 Grundstücke und Gebäude	41 Miete, Pacht	
	42 Instandhaltung	
	43 Reinigung	
	44 Energie	
	49 Sonst. Kosten für Grundstücke/Gebäude	

1) Vgl. hierzu auch: Arbeitskreis /Vorschlag/ 3 ff., GRAEF, GREILLER /Organisation/ 403 ff., LANGE u.a. /Vorschlag/ 19, BM des Innern /Kontingentierungshandbuch/ 6-8, /Rechenzentren/ 25 ff., /Verfahrensentwicklung/ 15 ff., SCHMITT /Kostenverteilung/ 53 sowie Gemeinschaftskontenrahmen der Industrie.

BEISPIELE	ERLÄUTERUNGEN
	DV-Materialkosten sind beschäftigungsvariable Kosten, die überwiegend direkt und proportional zur in Anspruch genommenen Leistung verrechnet werden.
Zu 221: Rentenversicherung, Krankenversicherung, Arbeitslosenversicherung, Pensionsrückstellungen. Zu 222: Betriebsrente.	Die Personal- und Personalnebenkosten sind mit Ausnahme der Kosten für Aushilfen (zumindest kurzfristig) beschäftigungsfix. Für einen Großteil der Personalkosten, und dies ist vor allem für den Beratungs- und Entwicklungsbereich von Bedeutung, lassen sich Standardkostensätze ermitteln, mit deren Hilfe diese Kosten als Einzelkosten best. Leistungen (z.B. einem Auftrag) zugerechnet werden können. Die Erfassung sollte daher präzise und vollständig erfolgen.
Zu 31: DV-Anlagen sind z.B. CPU, Bandeinheit, Drucker etc.; DV-Geräte sind Datenerfassungsgeräte u. -systeme; DV-Maschinen sind Separier- u. Schneidemaschinen, Konvertiergeräte, COM-Geräte etc. Zu 32: Betriebssystem, Datenbanksystem, Bibliotheksprogramme, Anwendungsprogramme, Job-Accounting, TP-Monitor etc. Zu 331: Fernsprechnetz, DATEX-Netz (DATEX-L und DATEX-P), TELEX-Netz, Hauptanschluß für Direktruf (HfD). Zu 332: DFÜ-Einrichtungen wie Modems, Fernschaltgeräte etc., DFÜ-Steuereinheiten (incl. Front-End-Processor), Konzentratoren (Leitungsknoten, Terminalmultiplexer, Netzwerkrechner), Datenendeinrichtungen (Druckerterminal, Bildschirmterminal).	Betriebskosten für HW und SW sind hier nur aufzuführen, wenn HW oder SW oder DFÜ-Einrichtungen gemietet (geleast) werden. Im Falle des Kaufs erscheinen diese Kosten als kalk. Abschreibungen in der KA-Gruppe 8. Die Gliederung der KA-Gruppe 3 erfolgte nach der Verursachung durch die Komponenten des Anwendungssystems. Es handelt sich i.a. um beschäftigungsfixe Kosten, die nur im Spezialfall als Einzelkosten auf KTr zu verrechnen sind (z.B. können Mietkosten für SW, die nur ein Kunde in Anspruch nimmt, diesem als Einzelkosten angelastet werden).
Zu 44: Strom, Gas, Wasser, Abwässer, Heizöl, Treibstoffe.	Kosten für Grundstücke und Gebäude sind mit Ausnahme der Energiekosten beschäftigungsfixe (Gemein-)Kosten. Die Stromkosten sind z.T. abhängig von der Auslastung der maschinellen Anlagen, können aber nicht ohne Schlüsselung als Einzelkosten verrechnet werden.

KOSTENARTENGRUPPE	KOSTENART 1. GRADES	KOSTENART 2. GRADES
5 Geräte, Ausstattungs- und Ausrüstungsgegenstände	51 Miete 52 Instandsetzung/ Instandhaltung 53 Betriebskosten für Kleinwerkzeuge etc. 54 Kfz.-Betriebskosten 55 Büromaterial 56 Büromöbel 59 Sonst.	531 Kleinwerkzeuge 532 Verbrauchsmaterial 533 Verbrauchsstoffe
6 DV-Aufträge an Dritte	61 Beratung, Organisation, Systemanalyse 62 Datenerfassung 63 Programmierung, Programmpflege 64 Inanspruchnahme fremder Geräte, Anlagen 65 Textverarbeitung außer Haus 69 Sonst.	
7 Allgemeine Kosten	71 Steuern, Gebühren, Beiträge, Versicherungen 72 Öffentlichkeitsarbeit, Verfügungsmittel etc. 73 Werbungskosten 74 Dienstreisen und Repräsentation 75 Post- und Fernmeldegebühren 76 Transport- und Versandkosten 77 Externe Schulung, Aus- und Fortbildung 78 Betriebssicherung 79 Sonst. allg. Kosten	711 Steuern 712 Abgaben, Gebühren, Beiträge 713 Rechts- und Beratungskosten 714 Versicherungen 771 Lehrgangskosten 772 Reisekosten 773 Bücher/Zeitschriften
8 Kalkulatorische Kosten	81 Kalk. Abschreibungen auf mobile Güter 82 Kalk. Abschreibungen auf Immobilien 83 Kalk. Zinsen 84 Kalk. Mieten 85 Kalk. Unternehmerlohn 89 Sonst. kalk. Kosten	811 DV-Anlagen, -Geräte und Maschinen 812 Software 813 DFÜ-Hardware 814 Sonst. Anlagen, Geräte, Einrichtungen 815 Kraftfahrzeuge 816 Geringwertige Wirtschaftsgüter 891 Kalk. Wagnisse 892 Kalk. Einmalkosten, Ersterrichtung

BEISPIELE	ERLÄUTERUNGEN
Zu 51: Kopiergerät, Schreibautomat etc. Zu 55: Zeichenmaterial, Kopien, Lichtpausen, Vordrucke etc.	Kosten für Geräte, Ausstattungs- und Ausrüstungsgegenstände sind analog den beiden vorhergehenden KA-Gruppen überwiegend beschäftigungsfixe Betriebskosten.
	Wie Kosten für Aufträge an Dritte auf die Leistungen des RZ verrechnet werden, hängt vom speziellen Einzelfall ab. Es wird sich dabei überwiegend um (Auftrags-)Einzelkosten handeln.
Zu 714: Feuer, Einbruch, Unfall, Kfz. Zu 74: Fahrtkosten, Spesen, Hotel etc. Zu 75: Telefon, TELEX etc., Porto.	Allgemeine Kosten sind größtenteils beschäftigungsfix und nicht direkt verrechenbar. Lediglich Post-, Transport- und Schulungskosten können - zumindest teilweise - als Einzelkosten auf in Anspruch genommene Leistungen verrechnet werden.
Zu 811: Siehe Erläut. zu KA 31. Zu 812: Siehe Erläut. zu KA 32. Zu 813: Siehe Erläut. zu KA 33. Zu 814: Klimaanlage, Möbel etc. Zu 816: Taschenrechner, Diktiergeräte etc.	Bei gekaufter HW und SW sind die kalk. Abschreibungen für RZ von besonderer Bedeutung. Bzgl. der maschinellen Anlagen wird folgende Empfehlung gegeben: "Die Festsetzung der kalkulatorischen Abschreibungen sollte grundsätzlich so vorgenommen werden, daß die gewählte Nutzungsdauer der tatsächlichen Nutzungsdauer möglichst nahe kommt. Es wird vorgeschlagen, grundsätzlich nur linear abzuschreiben, und die Abschreibung so lange fortzusetzen, wie die Anlage verwendet wird."[2]

2. Konzeption für eine Kostenstellenrechnung in Rechenzentren

Die Kostenstellenrechnung ordnet die in der Unternehmung anfallenden Kosten denjenigen betrieblichen Teilbereichen zu, in denen sie entstanden sind. Bei der Abgrenzung der Kostenstellen sind - insbesondere im Hinblick auf eine sinnvolle Kostenkontrolle - einige für RZ spezifische Aspekte zu beachten, die nachfolgend erläutert werden.

2.1 Ableitung von Kostenstellenbereichen aus der Organisationsstruktur von Rechenzentren

Voraussetzung für die Kontrolle der Wirtschaftlichkeit von Unternehmungsbereichen bildet die Einteilung der KSt nach selbständigen Verantwortungsbereichen.[1] Die hierarchische Organisationsstruktur und KSt-Abgrenzung in einer Unternehmung müssen kompatibel sein. Besteht eine solche harmonische Einheit nicht, kommt es u.U. zu ablauforganisatorischen Kollisionen (bspw. Kompetenzüberschneidungen).

Die Einteilung der Kostenstellen nach dem Verantwortungsprinzip stimmt i.a. mit der in Rechenzentren am häufigsten realisierten Untergliederung nach Funktionsbereichen überein. Hierbei werden gleiche oder sehr ähnliche Verrichtungen mit annähernd gleicher Kostenstruktur zu entsprechenden Funktionsstellen zusammengefaßt.[2] In den Fällen, wo sich eine Übereinstimmung von Verantwortungs- und Funktionsprinzip nicht ohne Schwierigkeit aus der Organisationsstruktur ergibt,[3] muß entweder eine tiefere KSt-Bildung erfolgen, oder es muß versucht werden, durch einen Kom-

1) Vgl. KILGER /Einführung/ 154 und LINDNER, MITSCHKE /Betriebsabrechnung/ 22.
2) Vgl. HUMMEL, MÄNNEL /Kostenrechnung 1/ 101-102.
3) Dies wäre bspw. denkbar bei primär divisional organisierten Unternehmungen. - Vgl. zu dieser Organisationsform z.B. GROCHLA /Einführung/ 35.

promiß eine Übereinstimmung der Kostenstellenkosten mit den Kosten eines Verantwortungsbereichs zu erzielen.

Bezugnehmend auf das bereits dargestellte Organisationsschema eines Rechenzentrums[1)] ergeben sich für die Kostenstelleneinteilung zunächst drei übergeordnete Kostenstellenbereiche, die als Minimalanforderung für eine RZ-spezifische Kostenstellenabgrenzung anzusehen sind:

- Kostenstellen, die primär (ausschließlich) Leistungen für den Produktionsbereich erbringen,
- Kostenstellen, die primär (ausschließlich) Leistungen für den Beratungs- und Entwicklungsbereich erbringen sowie
- Kostenstellen, die sowohl für den einen als auch für den anderen Bereich Leistungen erbringen.

Für die innerbetriebliche Leistungsverrechnung und die Bildung von Kalkulationssätzen für die Hauptkostenstellen ist es erforderlich, eine Einteilung dieser globalen KSt-Bereiche in Hilfs- und Hauptkostenstellen (ggf. auch in Nebenkostenstellen) vorzunehmen.[2)] Bei den Kostenstellen, die für beide Bereiche Leistungen erbringen, handelt es sich um Hilfskostenstellen. Die sich nicht überlappenden Teile von Produktionsbereich und Beratungs- und Entwicklungsbereich enthalten sowohl Hilfs- als auch Hauptkostenstellen, so daß sich das Organisationsschema von RZ wie folgt erweitern läßt:

---

1) Vgl. Abb. 1 (Punkt 2.1 des Kapitels B).
2) "In Hauptkostenstellen werden die zum Produktionsprogramm der Unternehmung gehörenden Produkte (Hauptprodukte) bearbeitet. ... Auch in Nebenkostenstellen werden Produkte bearbeitet. Jedoch werden diese Produkte nicht zum eigentlich geplanten Produktionsprogramm der Unternehmung gerechnet. ... Hilfskostenstellen tragen nur mittelbar zur Gütererstellung bei." - SCHWEITZER u.a. /Systeme/ 158-159.

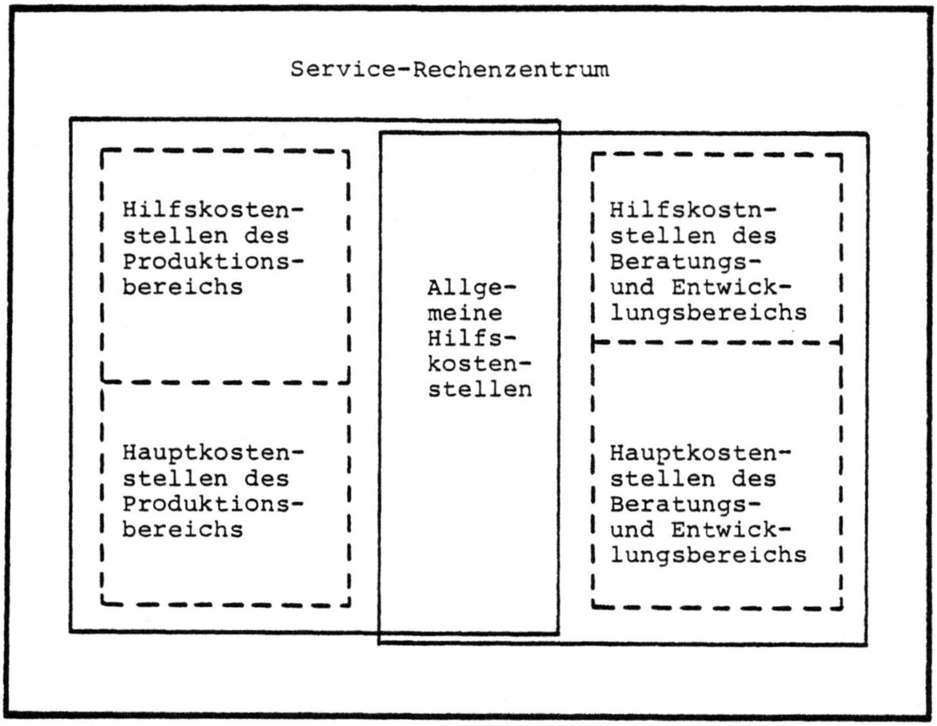

Abb. 2: Kostenstellenbereiche in Rechenzentren

2.2 Differenzierungsgrad der Kostenstellenbereiche unter Berücksichtigung von Maßgrößen für die Kostenverursachung

Bei der Kostenstellenbildung ist zu beachten, daß für jede Kostenstelle geeignete Bezugsgrößen für die Kostenverursachung gefunden werden können.[1] D.h. "die Bildung der Kostenstellen hat auf die Möglichkeit der Messung der Kostenstellenleistung in ausreichendem Maße Rücksicht zu nehmen."[2] Dieser Aspekt wird umso problemlo-

1) Vgl. KILGER /Einführung/ 155.
2) BM des Innern /Rechenzentren/ 31.

ser, je feiner die Kostenstellengliederung gewählt wird. Da bei sehr feiner Kostenstellendifferenzierung aber u.U. Kontingentierungsschwierigkeiten bei der Kostenverteilung auftreten können, müssen Kompromisse eingegangen werden.

Hinsichtlich der weiteren Unterteilung der fünf beschriebenen KSt-Bereiche eines Rechenzentrums kommt also neben der Berücksichtigung des Verantwortungs- und Funktionsprinzips dem Aspekt der Leistungsmessung besondere Bedeutung zu.

Für den Produktionsbereich bietet sich dabei eine KSt-Differenzierung nach Betriebsmitteln an. Insbesondere bei Mehrprogrammbetrieb ist eine genaue Leistungserfassung nur mit Hilfe einer Platzkostenrechnung möglich, da die Teilkapazitäten (z.B. CPU, Hauptspeicher, Peripheriegeräte) unterschiedliche Maßgrößen aufweisen, von den Kostenträgern unterschiedlich beansprucht werden und folglich verschiedene Kosten verursachen.[1)]

Da im Beratungs- und Entwicklungsbereich überwiegend Personalkosten anfallen, ist hier die Bildung von Kostenplätzen nicht sinnvoll. Ob und wie dieser Bereich zweckmäßig weiter unterteilt werden sollte, hängt von der jeweiligen Struktur, Größe, Aufgabenverteilung etc. ab und kann nur von RZ individuell beurteilt werden. So ist z.B. eine Untergliederung nach Funktionen wie Beratung, Systemanalyse, Programmierung usw. meist nicht sinnvoll, weil diese Aufgaben häufig von nur einem Mitarbeiter ausgeführt werden und dann u.U. die Kosten für diesen Mitarbeiter mehreren KSt angelastet werden müßten. Dies widerspräche aber dem Verantwortungsprinzip. Möglich wäre hier bspw. eine KSt-Einteilung nach Kostenträgergesichtspunkten (z.B. Projektgruppen als KSt).

Die Gliederung der allgemeinen Hilfskostenstellen ergibt sich i.a. aus dem Organisationsplan von RZ.

---

1) Vgl. HUMMEL, MÄNNEL /Kostenrechnung 1/ 102 und HARTMANN-WENDELS /Verfahren/ 198.

2.3 Beispiel eines Kostenstellenrahmens für Rechenzentren

Der nachfolgend vorgeschlagene Kostenstellenrahmen für RZ zeigt, wie eine anhand der beschriebenen Abgrenzungskriterien vorgenommene KSt-Differenzierung in Rechenzentren aussehen könnte.[1]

K O S T E N S T E L L E N R A H M E N F Ü R S R Z[2]	
A ALLGEMEINE HILFSKOSTENSTELLEN 1. Geschäftsleitung 2. Verwaltung 3. Einkauf 4. Vertrieb 5. Aus-/Fortbildung 6. Koordinierung/Kontrolle 7. Versuche	
B HILFS-KST DES PRODUKTIONSBEREICHS 1. Leitung RZ 2. Ablaufplanung 3. Arbeitsvor-/ -nachbereitung 4. Systempflege 5. Archiv 6. Datensicherung	C HILFS-KST DES BERATUNGS- UND ENTWICKLUNGSBEREICHS 1. Leitung Beratung und Entwicklung 2. Organisation 3. Entwicklungs- und Einsatzplanung 4. Auftragssteuerung und -abwicklung 5. Dokumentation
D HAUPT-KST DES PRODUKTIONSBEREICHS 1. Datenerfassung 2. Zentraleinheit 3. Magnetbandeinheit 4. Magnetplatteneinheit 5. Drucker 6. Belegleser 7. DFÜ-Hardware 8. Hilfs- und Zusatzeinrichtungen	E HAUPT-KST DES BERATUNGS- UND ENTWICKLUNGSBEREICHS 1. Entwicklung/Programmierung von Standardanwendungssoftware 1.1 'Finanzwesen' 1.2 'Lohn und Gehalt' : 2. Entwicklung/Programmierung von Individualsoftware 2.1 Auftragsgruppe 1 2.2 Auftragsgruppe 2 : 3. Systemprogrammierung

---

1) Im Einzelfall ist besonders zu prüfen, ob die scharfe Trennung zwischen Hilfs-KSt für den Produktionsbereich und Hilfs-KSt für den Beratungs- und Entwicklungsbereich in der vorgeschlagenen Weise möglich und sinnvoll ist.

2) Vgl. auch Arbeitskreis /Vorschlag/ 10-11, BM des Innern /Kontierungshandbuch/ 11-12, GRAEF, GREILLER /Organisation/ 409, HUMMEL, MÄNNEL /Kostenrechnung 1/ 103 sowie STEIN, WIEDEMANN /Kosten-/ 6.

2.4 Konzeptioneller Aufbau eines Betriebsabrechnungsbogens für Rechenzentren

Die Integration von KA- und KSt-Rechnung erfolgt i.d.R. statistisch-tabellarisch mit Hilfe einer Matrix, die in der Randspalte die - nach bestimmten Kostenkategorien geordneten - Kostenarten und in der Kopfzeile die nach bestimmten Zielvorstellungen gegliederten Kostenstellen enthält.[1)] Diese Matrix wird in der Grenzplankostenrechnung 'Betriebsabrechnungsbogen' und in der Einzelkostenrechnung 'Kostensammelbogen' genannt.[2)]

Der nachfolgend vorgeschlagene BAB zeigt exemplarisch, wie unter Zugrundelegung der bereits definierten Kostenarten und Kostenstellen eine statistisch-tabellarische Matrix für die Kostenstellenrechnung in RZ aufgebaut werden kann. Darüber hinaus wird in den beiden folgenden Gliederungspunkten beschrieben, inwieweit dieser BAB die beiden zentralen Aufgaben der Kostenstellenrechnung - Kostenkontrollfunktion und Kostenvermittlungsfunktion - zu erfüllen vermag.

---

1) Die KSt-Rechnung kann auch kontenmäßig realisiert werden. Diese Vorgehensweise ist aber unübersichtlich und - bei manueller Durchführung - sehr buchungsaufwendig, weil pro Kostenstelle ein Konto eingerichtet werden muß. Daher wird in der Praxis meist die statistisch-tabellarische Kostenstellenrechnung vorgezogen. - Vgl. auch HUMMEL, MÄNNEL /Kostenrechnung 1/ 105 ff.

2) Der Kostensammelbogen i.e.S. stellt das Formblatt dar zur Grundrechnung als kombinierte KA-, KSt- und KTr-Rechnung, d.h. er beinhaltet neben den Kostenstellen auch die Kostenträger, so daß die Kostenträgereinzelkosten nicht über die Kostenstellen laufen, sondern den KTr (KTr-Gruppen) direkt zugerechnet werden können (vgl. z.B. RIEBEL /Deckungsbeitragsrechnung/ 151 ff.). - Für Rechenzentren wird aber aufgrund der KTr-Problematik (vgl. Punkt 3 dieses Kapitels) vorgeschlagen, für Zwecke der KTr-Rechnung eine gesonderte Rechnung aufzumachen und zunächst alle Kosten auf die Kostenstellen zu verteilen.

B E T R I E B S A B R E C H N U N G S B O G E N   F Ü R   S R Z

Kostenstellen / Kostenarten		Hilfskostenstellen						Hilfs-KSt gesamt	
		Allgemeiner Bereich		Bereich Produktion		Bereich Ber.+ Entw.			
		Soll	Ist	Soll	Ist	Soll	Ist	Soll	Ist
Leistungskosten 1)	11 Formulare 12 Tabellierpap. 13 Einmaldatent. ⋮								
	Summe Leistungskosten								
Bereitschafts-kosten 2)	2 Personalk. 3 DV-Betr.-K. 4 Grundstücke ⋮								
	Summe Bereitschaftskosten								
Summe Leistungs- und Bereitschaftskosten									
Kalkulatorische Kosten	81 Abschr.m.G. 82 Abschr.i.G. 83 Zinsen 84 Mieten ⋮								
	Summe kalkulatorische Kosten								
Summe aller Kosten									
Sekundäre Kosten									
Summen pro Kostenstelle									

1) **Leistungskosten sind Kosten, "die in ihrer Höhe vom tatsächlich realisierten Leistungsprogramm abhängen, die auch kurzfristig (bei gegebenen Kapazitäten und festliegender Betriebsbereitschaft) automatisch mit Art, Menge oder Wert der erzeugten bzw. abgesetzten Leistungen variieren." - HUMMEL, MÄNNEL /Kostenrechnung 2/ 39.**

2) **Bereitschaftskosten sind Kosten, "die auf Grund von Erwartungen über das künftige Leistungsvolumen disponiert werden und demzufolge nur mit dem Auf- oder Abbau der Betriebsbereitschaft oder der Kapazität (mithin also nur längerfristig) eine Veränderung erfahren." - HUMMEL, MÄNNEL /Kostenrechnung 2/ 39.**

Hauptkostenstellen				Haupt-KSt gesamt		Unternehmung gesamt		Summe pro Kostenart	
Bereich Produktion		Bereich Ber.+ Entw.							
Soll	Ist	Soll	Ist	Soll	Ist	Soll	Ist	Soll	Ist

2.4.1 Wirtschaftlichkeitskontrolle mit Hilfe des vorgeschlagenen BAB

Eine sinnvolle Kostenkontrolle ist nur unter uneingeschränkter Beachtung des Verursachungsprinzips zu realisieren. D.h. kontrollierbar sind lediglich die pro KSt anfallenden KSt-Einzelkosten, nicht aber die mit Hilfe von Schlüsselgrößen (mehr oder weniger) willkürlich auf KSt verteilten KSt-Gemeinkosten.[1] Der vorgeschlagene BAB beinhaltet daher in der Kopfzeile neben den KSt-Bereichen eine übergeordnete Ebene 'Unternehmung gesamt' für die Kostenstellengemeinkosten.

Aus Platzgründen wurde darauf verzichtet, die KSt-Bereiche noch in ihre jeweiligen KSt aufzuspalten. Der vorgeschlagene BAB ist folglich als Minimalgerüst zu verstehen, das bei hohen Genauigkeitsanforderungen weiter differenziert werden muß.[2] Die Kopfzeile stellt dann eine Kostenstellenhierarchie nach folgendem Schema dar:

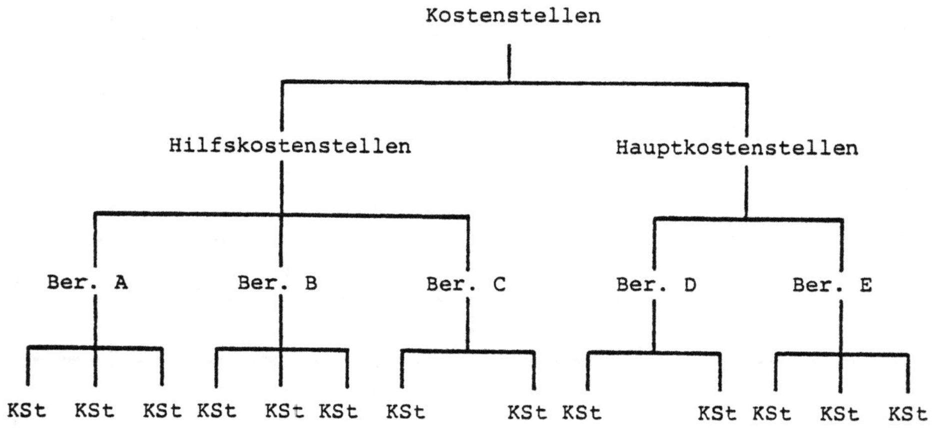

Abb. 3: Kostenstellenhierarchie in Rechenzentren

---

1) Vgl. z.B. RIEBEL /Deckungsbeitragsrechnung/ 14 ff. und BÖHM, WILLE /Deckungsbeitragsrechnung/ 83.
2) Bei hohem KSt-Differenzierungsgrad kann - insbesondere bei der Kostenplanung - pro KSt-Bereich oder sogar pro KSt ein gesondertes Formular verwendet werden. Für den Gesamtüberblick können dann die einzelnen Formulare zusammengefaßt werden.

Hierdurch wird eine direkte Erfassung und Verteilung aller Kosten ermöglicht, d.h. jede Kostenart läßt sich einer der Hierarchiestufen als Einzelkosten zuordnen. So werden z.B. die KA Steuern, Versicherungen etc. nicht geschlüsselt auf die Kostenstellen verteilt, sondern der Unternehmung insgesamt angelastet.

Eine in dieser Form konzipierte Kostenverteilung wird dem Verursachungsprinzip in hohem Maße gerecht und liefert bei Gegenüberstellung von Soll- und Istwerten für jede Hierarchiestufe gute Kontrollmöglichkeiten.

Die Sollvorgaben werden mittels der Plankostenrechnung ermittelt. Die Planung der Kosten pro Kostenstelle leitet sich aus der Mengenplanung (Planung der Arbeitslast[1]) ab. Diese umfaßt eine exakte

- Leistungsplanung,
- Hardwareplanung (Kapazitätsplanung),
- Personalplanung,
- Materialplanung sowie
- Raumplanung.

Dabei ist zu beachten, daß speziell für Rechenzentren eine langfristige Planung aufgrund hoher Unsicherheitsfaktoren hinsichtlich der technologischen Entwicklung nur sehr global möglich ist. Es sollte daher abgestuft geplant werden, bspw. für das nächste halbe Jahr detailliert und von da an zunehmend globaler.[2] Aus der Mengenplanung werden dann pro Kostenstelle die erwarteten Kosten als Soll-Größen abgeleitet.

---

1) Vgl. zu Vorgehensweisen bei der Planung der Arbeitslast z.B. CHRISTO, LICHT /Berichtswesen/ 41 ff., LANGE /Controlling/ 192 ff. sowie VOLLBERG /Ablaufplanung/ 48 ff.
Aufgrund der Vielzahl und Heterogenität der Auftraggeber und Benutzer von Hochschul-RZ ist die Mengenplanung hier besonders problematisch (vgl. auch Punkt 2.2 des Kapitels A). Zu Methoden der Kapazitätsbedarfsermittlung vgl. daher besonders HANSEN, WECKMANN /Kapazitätsplanung/ 42-46.

2) Vgl. auch CHRISRO, LICHT /Berichtswesen/ 41.

Am Ende eines (kurzfristigen) Planungszeitraums (z.B. monatlich) werden die Ist- mit den Sollwerten verglichen. Abweichungen werden bzgl. ihrer Ursache (Preis-, Verbrauchsabweichungen) analysiert. Auf diese Weise können Unwirtschaftlichkeiten aufgedeckt und mögliche Anpassungsmaßnahmen der weiteren Kostenplanung vorgenommen werden.

2.4.2 Kostenvermittlungsfunktion des vorgeschlagenen BAB

Der BAB i.e.S. dient neben der Kontrolle der KSt-Kosten vor allem dem Zweck, auf dem Weg der innerbetrieblichen Leistungsverrechnung[1)] die Kosten der Hilfskostenstellen (sekundäre Kosten) auf die Hauptkostenstellen zu verteilen, um dann für letztere Kalkulationssätze zu bilden, mit deren Hilfe die Kosten auf die Endkostenträger verrechnet werden können. In der Grenzkostenrechnung werden zwar nur die bezugsgrößenvariablen sekundären Kosten auf diese Weise auf Haupt-KSt verteilt,[2)] allerdings muß dabei kritisiert werden, daß auch nicht zumeßbare[3)] Kosten auf dem Wege der Schlüsselung - und damit willkürlich - weitergewälzt werden.

Um die Gefahr des 'Sich-Totschlüsselns' in der Kostenstellenrechnung zu vermeiden, wird daher für RZ empfohlen, innerhalb des BAB gemäß den Prinzipien der Einzelkostenrechnung zunächst lediglich die zumeßbaren sekundären Kosten weiterzuverteilen und alle weiteren, für bestimmte Zwecke erforderlichen Operationen anhand von Sonderrechnungen durchzuführen.

---

1) Verfahren der innerbetrieblichen Leistungsverrechnung sind: Gleichungs-, Anbau- und Stufenverfahren. - Vgl. z.B. KILGER /Einführung/ 179-188 und HUMMEL, MÄNNEL /Kostenrechnung 1/ 108 -122.
2) Vgl. z.B. KLOOCK u.a. /Kosten/ 180 ff.
3) Kosten sind zumeßbar, wenn eine Mengeneinheit der abgegebenen Leistung klar definiert werden kann. - Vgl. BÖHM, WILLE /Deckungsbeitragsrechnung/ 84.

Der dargestellte BAB ist folglich als Grundrechnung[1] zu verstehen, die für Zwecke der KTr-Rechnung Informationen bereitstellt, diese aber noch nicht verarbeitet (z.B. zu Kalkulationssätzen der Haupt-KSt). "Wenn sich auch heute eine Grundform der KR - Kostenarten-, Kostenstellen-, Kostenträgerrechnung - institutionalisiert hat, so ist doch unverkennbar, daß diese Grundform bei weitem nicht für alle Zwecke der KR ausreicht, sondern daß sie durch fallweise Einzelrechnungen ergänzt werden oder gar eine gänzlich andere Form aufweisen muß."[2] Die Gliederung der KA nach den Kategorien Leistungs-, Bereitschafts- und kalkulatorische Kosten ist als Mindestanforderung hinsichtlich brauchbarer Informationen für die Kostenträgerrechnung zu sehen und kann je nach Rechenzwecken durch Berücksichtigung weiterer Gesichtspunkte ergänzt werden.

3. Entwicklung einer Kostenträgersystematik für Rechenzentren

Die Befragungsergebnisse der empirischen Erhebungen, zahlreiche Interviews mit Vertretern der RZ-Branche sowie Literaturanalysen haben gezeigt, daß besonders die Kostenträgerabgrenzung[3] für RZ mit vielfältigen Problemen verbunden ist.[4] Die Endkostenträger in RZ sind aus ihren Dienstleistungen abzuleiten. Diese können aber bzgl. ihrer Zusammensetzung sowohl in sachlicher wie auch in zeitlicher Hinsicht sehr heterogen sein,[5] so daß eine allgemeingültige Definition von handhabbaren KTr in RZ bereits unter diesen Aspekten mit Schwierigkeiten verbunden ist.

---

1) Vgl. RIEBEL /Deckungsbeitragsrechnung/ 39 ff.
2) DELLMANN /Stand/ 328.
3) Als Kostenträger werden i.a. jene betrieblichen Leistungen definiert, "welche den Güter- und Dienstleistungsverzehr ausgelöst haben und demzufolge auch die Kosten 'tragen' sollen" (HUMMEL, MÄNNEL /Kostenrechnung 1/ 123). Man unterscheidet 'Zwischenkostenträger', die in der Kostenstellenrechnung z.B. als innerbetriebliche Leistungen auftreten, und 'Endkostenträger', welche die materiellen oder immateriellen Absatzleistungen darstellen.
4) Vgl. Punkt 1.1 und 2.4.1 des Kapitels B sowie auch CHMIELEWICZ /Kostenrechnungssystem/ 165.
5) Vgl. die Dienstleistungspalette von SRZ in Anlage B.

3.1 Notwendigkeit der Abgrenzung von Zwischenkostenträgern im Produktionsbereich von Rechenzentren

Der laufende Rechenzentrumsbetrieb ist strukturell und organisatorisch dem Fertigungsbereich in Industriebetrieben vergleichbar. Die Parallelen zwischen Produktionsbereich von RZ und Industriebetrieb sollen anhand der folgenden Abbildung verdeutlicht werden:

Art des Güterstroms	Aktionsphasen des Güterstroms				Lenkungscharakter
Erzeugungsstrom (Fertigungssektor)	Beschaffung	Lagerung	Herstellung	Absatz	Lenkungsobjekt
Informationsstrom (Verwaltungssektor)	Aufnahme	Speicherung	Verarbeitung	Abgabe	Lenkungsinstrument (und -objekt)

Abb. 4: Realgüterprozesse einer Unternehmung[1)]

Überträgt man dieses Schema auf Rechenzentren, so sind für den Produktionsbereich Erzeugungs- und Informationsstrom hinsichtlich ihrer Aktionsphasen identisch, d.h. in der Zeile 'Erzeugungsstrom' stehen dieselben Phasen wie in der Zeile 'Informationsstrom', nämlich:

---

1) Entnommen aus: CHMIELEWICZ /Kostenrechnungssystem/ 166. - Vgl. hierzu auch MEYHAK /Entscheidungsorientierte/ 4.

- Informationsaufnahme
- Informationsspeicherung
- Informationsverarbeitung
- Informationsabgabe.

Analog zum Industriebetrieb können ADV-Anlagen, Peripherie- und sonstige Geräte sowie das eingesetzte Personal im Produktionsbereich von RZ als Potentialfaktoren, die eingesetzten Materialien (Papier, Formulare, Lochkarten etc.) als Repetierfaktoren aufgefaßt werden.

Der entscheidende Unterschied zum Industriebetrieb - hieraus resultieren die Probleme bei KTr-Abgrenzung und Kalkulation für Leistungen des Produktionsbereichs - besteht in der Tatsache, daß im Produktionsbereich von RZ keine materiellen, d.h. hinsichtlich Gewicht, Größe, Konsistenz etc. genau meßbaren und spezifizierbaren Güter produziert werden, sondern immaterielle Güter in Form von (umgewandelten) Informationen. "Wegen der Vielfalt heterogener Rechenprozesse und Informationsarten läßt sich das Produkt aber nicht in praktikabler Form quantitativ formulieren."[1] Folglich müssen Ersatzgrößen gefunden werden, die eine möglichst verursachungsgerechte Zuordnung der angefallenen Kosten auf die in Anspruch genommenen Leistungen des Produktionsbereichs ermöglichen.

Als Ersatzgrößen kommen in erster Linie mengen- oder zeitbezogene Inputgrößen in Frage, mit denen die heterogenen Produktarten gewichtet werden. So kann bspw. die Rechenzeit als Zwischenkostenträger definiert und der Preis pro Rechenminute kalkuliert werden. Bei Mehrprogrammbetrieb reicht allerdings eine einzige Ersatzgröße nicht aus. Vielmehr müssen hier für jedes Betriebsmittel (für jeden Kostenplatz) Zwischenkostenträger definiert und kalkuliert werden,[2] um die Inanspruchnahme durch die einzelnen Programme

1) CHMIELEWICZ /Kostenrechnungssystem/ 167.
2) Vgl. z.B. BOTTLER u.a. /Methoden/ 194, DIEBOLD /Kostenverrechnung/ 9, HERDEN, KARRER /Wirtschaftlichkeit/ 571, KOREIMANN /Kostenverrechnung/ 119 ff., LANGE u.a. /Vorschlag/ 24 ff.

messen und bewerten zu können.[1]

Aus Sicht der RZ-Benutzer sind Preise, die auf Inputgrößen beruhen, wenig verständlich und damit auch nicht geeignet für Kalkulationen und Preisvergleiche der Benutzer. Es muß daher von RZ angestrebt werden, die Inputgrößen in Outputgrößen wie Anzahl Buchungen, Anzahl Belege etc. zu transformieren.[2] Allerdings kann eine benutzerorientierte output- bzw. stückbezogene Kostenzuordnung die betriebsmittelorientierte nicht ersetzen, sondern nur ergänzen, weil für die Softwareentwicklung Input-Informationen erforderlich sind, um hinsichtlich der Inanspruchnahme der verschiedenen Betriebsmittel wirtschaftliche Programme konzipieren zu können.[3]

3.2 Zwischenkostenträger als Leistungsmaßstäbe im Beratungs- und Entwicklungsbereich

Im Beratungs- und Entwicklungsbereich werden Dienstleistungen im engeren Sinne erstellt, d.h. die hier anfallenden Aufgaben werden primär durch den Einsatz qualifizierten Personals und nicht mit Hilfe maschineller Anlagen erfüllt. Die Probleme bei der Kostenträgerabgrenzung in diesem Bereich resultieren aus der zeitlichen und sachlichen Heterogenität der möglichen Dienstleistungen. Man ist also auch hier gezwungen, Zwischenkostenträger als Leistungsmaßstäbe abzugrenzen und zu kalkulieren.

---

1) Problematisch ist allerdings in diesem Zusammenhang, daß die Kosten als bewerteter Güterverzehr auf andere Einsatzgrößen (Zeit- und Mengengrößen) statt auf den Output bezogen werden.- Vgl. CHMIELEWICZ /Kostenrechnungssystem/ 167.
2) "The user works with output units, such as invoices processed, inventory reports and production schedules. Thus the user is forced to somehow translate input and processing charges into the information for which he or she receives value. Only then can he take appropriate control and be held accountable." - NOLAN /Controlling/ 114.
3) Vgl. z.B. TRAMPEDACH /Entwicklung/ 111.

Da hauptsächlich personelle Ressourcen genutzt werden, bietet sich für diesen Bereich die Definition der Arbeitsstunde (Kalenderstunde, Programmierstunde, Entwicklungsstunde o.ä.) als Zwischenkostenträger an, wobei es sich wie im Produktionsbereich um Einsatzgüter handelt.[1] In vielen Fällen wird es möglich sein, auch die Inputgröße 'Arbeitsstunde' in outputorientierte Maßeinheiten zu transformieren (z.B. Anzahl Instruktionen, Anzahl Worte in der Datenbasis, Umfang Dokumentation o.ä.[2]). Die Bedeutung dieser outputorientierten Parameter liegt in erster Linie in der Möglichkeit, Wirtschaftlichkeitsanalysen der entwickelten (bzw. zu entwickelnden) Programme durchzuführen. Zur Projektsteuerung und zur Abrechnung mit den Auftraggebern reicht allerdings die Inputgröße 'Arbeitsstunde' aus.

3.3 Vorschlag einer Endkostenträgersystematik für Rechenzentren

Die als Zwischenkostenträger definierten Leistungsmaßstäbe (Leistungsparameter der einzelnen Betriebsmittel im Produktionsbereich, die Arbeitsstunde im Beratungs- und Entwicklungsbereich) reichen für eine KTr-Rechnung in RZ, insbesondere für die Kalkulation der Dienstleistungen, noch nicht aus. Vielmehr ist es notwendig, die Kosten der Zwischen-Ktr den von RZ angebotenen 'Produkten' zuzuordnen. In der Praxis wird dieser Schritt häufig aufgrund mangelnder End-Ktr-Abgrenzung nicht vollzogen. Es stellt sich die Frage, auf welche Weise die Dienstleistungsarten eines RZ in eine Kostenträgersystematik transformiert werden können. Sowohl für den Produktionsbereich als auch für den Beratungs- und Entwicklungsbereich sollte dabei dieselbe KTr-Klassifizierung verwendet werden, um die Einheitlichkeit des Kostenrechnungssystems zu gewährleisten. Darüber hinaus müssen sich die KTr sowohl für Vor-

---

1) Vgl. z.B. LANGE /Controlling/ 197 und BM des Innern /Verfahrensentwicklung/ 30 ff.
2) Vgl. z.B. SATTLER /Mehrstufige/ 394.

als auch für Nachkalkulationen eignen und eine Zuordnung auf die Leistungsempfänger (Benutzer, Kunden) ermöglichen.

Geeignete Endkostenträger, die die beschriebenen Anforderungen erfüllen, stellen die verschiedenen DV-Anwendungssysteme (z.B. das Anwendungssystem 'Lohn und Gehalt', 'Finanzplanung' etc.) dar.[1] Dieser Endkostenträger ist von RZ exakt zu definieren. Als Arbeitsdefinition wird hier die vom Bundesministerium des Innern vorgeschlagene Kostenträgerdefinition zugrundegelegt:

Danach gilt ein DV-Anwendungssystem als "einheitliche Regelung von Abläufen unter Berücksichtigung des Zusammenwirkens von Aktionen, Strukturen, Zeit und anderen Elementen mit Hilfe von Richtlinien und Vorschriften unter Verwendung einer DV-Anlage."[2]

Einzelne Anwendungssysteme können zu Leistungspaketen zusammengefaßt werden, wenn sie modular konzipiert sind, und ihrerseits i.a. in Systemkomponenten (Jobs) und diese wiederum in Einzelprogramme (Steps) zerlegt werden. Daraus ergibt sich folgende Struktur der Kostenträger in RZ, die für die Kostenzuordnung sowohl im Beratungs- und Entwicklungsbereich als auch im laufenden RZ-Betrieb von Bedeutung ist:

---

1) Vgl. BM des Innern /Rechenzentren/ 51 ff., LANGE u.a. /Vorschlag/ 26-27, MERTENS /Systematisches/ 31 und STEIN, WIEDEMANN /Kosten-/ 8 ff. - In der Literatur wird i.d. Zusammenhang meist von '(DV-)Verfahren' statt vom DV-Anwendungssystem gesprochen. Da aber mit Verfahren manchmal auch der Verarbeitungsmodus (Dialog, Batch, RJE etc.) gemeint ist, wird hier der Begriff DV-Anwendungssystem vorgezogen, um Verwechslungen zu vermeiden.

2) BM des Innern /Rechenzentren/ 51.

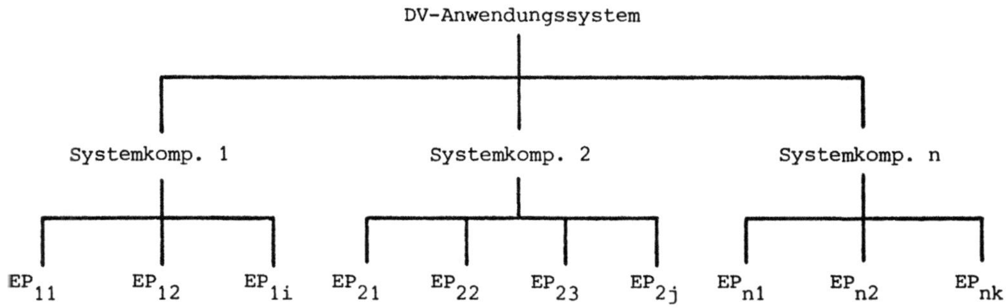

(EP = Einzelprogramm; n = Anzahl Systemkomponenten; i, j, k = Anzahl EP)

Abb. 5: Struktur eines Kostenträgers in Rechenzentren

Eine Kostenträgerabgrenzung in der vorgeschlagenen Weise ist um folgende Komponenten zu ergänzen:

- Es ist ein Ordnungssystem zu bilden, das einen klassifizierenden und einen identifizierenden Teil enthält.[1] Der identifizierende Teil beinhaltet den Namen bzw. die Kennzahl des DV-Anwendungssystems. Der klassifizierende Teil enthält die Zugehörigkeit zum entsprechenden Leistungspaket[2] (z.B. Finanzwesen, Bauwesen, Krankenhauswesen o.ä.). Die Leistungspakete stellen somit die KTr-Gruppen dar.

- Wichtig ist die Angabe, in welcher Phase sich ein Anwendungssystem befindet. So sollte zumindest immer eine der Phasen Entwicklung, Einführung oder laufender Einsatz des jeweiligen Kostenträgers angegeben werden, um die Kosten der einzelnen Phasen ermitteln und weitergeben zu können.[3]

---

1) Vgl. BM des Innern /Rechenzentren/ 51.
2) Vgl. STEIN, WIEDEMANN /Kosten-/ 8-10.
3) Vgl. STEIN, WIEDEMANN /Kosten-/ 8.

- Der Verarbeitungsmodus (Batch, Dialog, RJE etc.) ist im Hinblick auf die Betriebsmittelinanspruchnahme ebenfalls von Bedeutung[1]) und bei der KTr-Übersicht zu berücksichtigen.

Unter Berücksichtigung dieser Anforderungen kann folgende Endkostenträgersystematik für RZ erstellt werden:

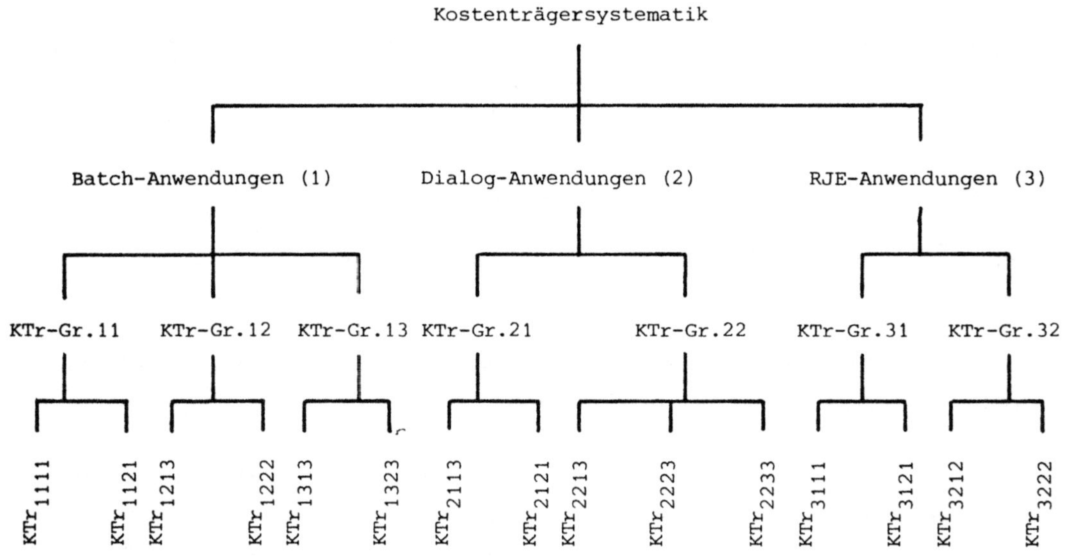

(Die letzte Ziffer der KTr-Nummer gibt die Phase des KTr an: 1 = Entwicklungsstadium, 2 = Einführungsphase, 3 = laufender Einsatz)

Abb. 6: Konzept einer Endkostenträgersystematik

U.U. fallen einzelne Dienstleistungen von Rechenzentren nicht in die vorgeschlagene Kostenträgersystematik. Es ist in diesen Fällen erforderlich, für diese Leistungsarten eigene Kostenträger zu definieren.[2])

---

1) Vgl. z.B. MEYHAK /Entscheidungsorientierte/ 162 ff.
2) Bspw. sind für die Leistungen Hardware-Vertrieb oder Hardwarevermittlung, die von vielen SRZ angeboten werden, analog zum Einzelhandel die zu vertreibenden (zu vermittelnden) Geräte, Anlagen etc. die Kostenträger. Für diese Leistungen käme die Bildung von Nebenkostenstellen in Frage (vgl. Punkt 2.1 des Kapitels C).

D Anwendungsmöglichkeiten teilkostenorientierter Vorgehensweisen im Rahmen der Angebotskalkulation und kurzfristigen Erfolgsrechnung

"Derjenige, der EDV-Leistungen verkauft und auf die Verkaufserlöse angewiesen ist, muß im umworbenen Markt für die EDV-Leistung seine Preise an den Kosten orientieren."[1] Diese Aussage bezieht sich auf die Berechnung von Preisuntergrenzen, denn den optimalen Preis einer DV-Leistung (z.B. den Preis des höchsten Gewinns) vermag die Kostenrechnung allein nicht zu ermitteln. Dieser ergibt sich vielmehr aus dem Zusammenspiel von Angebot und Nachfrage am Markt. Für die Preisbildung sind somit unbedingt Marktdaten und deren Entwicklung zu berücksichtigen, die mit Hilfe von Marktanalysen und Entscheidungsmodellen des Marketing prognostiziert werden können.[2] Wird die Marktseite außer acht gelassen, besteht die Gefahr, sich dann aus dem Markt zu kalkulieren, wenn der kostenorientierte Preis (plus Gemeinkosten- und Gewinnzuschlag als Solldeckungsbeitrag) einer Leistung den durchschnittlichen Marktpreis entsprechender Leistungen übersteigt.[3]

Überaus wichtig für die Erfüllung der Kostenrechnungszwecke ist die kostenorientierte Ermittlung von Preisuntergrenzen oder Mindestpreisen.[4] Mit deren Kenntnis wird der Preispolitik von RZ - dies betrifft vor allem die Service-Rechenzentren - ein hohes Maß an Elastizität verschafft. So kann bspw. auf Nachfrage- bzw. Beschäftigungsschwankungen wesentlich flexibler reagiert werden als es mit Hilfe von auf Vollkostenbasis kalkulierten Preisen möglich wäre.

---

1) POENSGEN /Verrechnungspreise/ 10.
2) Vgl. z.B. BÖHM, WILLE /Deckungsbeitragsrechnung/ 20, CZERANOWSKY, DIEDERICHS /Entwicklung/ 485 u. 488 sowie Punkt 1.5 des Kapitels B.
3) Diese Aussagen beziehen sich primär auf unter Wettbewerbsbedingungen arbeitende Rechenzentren. Aber auch für die Gruppe der nicht an Gewinnzielen orientierten RZ liefert die Beobachtung der Marktentwicklung wertvolle Vergleichsparameter, so bspw. für die Entscheidung: Eigen- oder Fremdentwicklung.
4) Vgl. z.B. KILGER /Flexible/ 673 ff.

Besondere Bedeutung kommt i.d. Zusammenhang der Anwendung von Deckungsbeitragsrechnungen zu. Hierbei wird der (erzielte oder erwartete) Marktpreis einer DV-Leistung der Summe der dieser Leistung zurechenbaren relevanten Kosten gegenübergestellt. Die Differenz, der Deckungsbeitrag, muß einen Teil der nicht zurechenbaren Kosten und des Gewinns abdecken.

Kalkulationsobjekte in RZ sind in erster Linie die in Punkt 3 des Kapitels C definierten Zwischen- und Endkostenträger. Zwischenkostenträger sind die Leistungen der Hauptkostenstellen, aus denen sich im wesentlichen die Endkostenträger (DV-Anwendungssysteme) zusammensetzen.

Im Vergleich zu Industriebetrieben ist der Anteil der beschäftigungsfixen Kosten an den Gesamtkosten in Rechenzentren mit 80-90% sehr hoch.[1] Grenzkostenkalkulationen bzw. Deckungsbeitragsrechnungen auf Grenzkostenbasis sind daher nur bedingt sinnvoll in RZ durchführbar. "Je niedriger ... der Anteil der (variablen) Teil- an den Vollkosten ist, desto mehr verliert allgemein eine Teilkostenkalkulation an kostenträgerbezogener Aussagekraft."[2] Denn bei Berücksichtigung nur der beschäftigungsvariablen Kostenträgereinzelkosten (DV-Material wie Lochkarten und dergl.) ergeben sich grotesk niedrige Stückkosten für einen End-KTr, die weder als Preisuntergrenzen noch für Zwecke der Deckungsbeitragsrechnung aussagekräftig sind.

Bei der Kalkulation in RZ stellt sich daher das generelle Prolem, ob, und wenn ja, wie die nur langfristig veränderlichen Kapazitätskosten verursachungsgerecht den KTr zugerechnet werden können. Für diesen Problembereich liefert die Einzelkostenrechnung, die eine Kostenzuordnung nach dem Identitätsprinzip[3] vor-

---

1) Vgl. z.B. BM des Innern /Rechenzentren/ 17, CZERANOWSKY, DIEDERICHS /Entwicklung/ 484, Tab. 3 sowie Befragungsergebnisse.
2) CHMIELEWICZ /Kostenrechnungssystem/ 171. - Mit Teilkostenkalkulation ist hier Grenzkostenkalkulation gemeint.
3) Nach dem Identitätsprinzip "sind zwei Größen, z.B. Teilmengen von Ausgaben und Einnahmen, einander oder einem bestimmten Bezugsobjekt, z.B. einem Kundenauftrag, nur dann logisch-zwingend zuzurechnen, wenn sie auf denselben dispositiven Ursprung zurückgeführt werden können." - RIEBEL, SINZIG /Realisierung/ 459.

nimmt, wertvolle Anhaltspunkte, die im nächsten Abschnitt beschrieben werden.

Der von Poensgen für Steuerungszwecke der ADV-Kapazität vorgeschlagene Ansatz langfristiger Grenzkosten für Daueraufträge hat den Nachteil, daß die langfristigen Grenzkosten nicht exakt berechnet werden können. Poensgen schlägt dafür eine Überschlagsrechnung vor, wonach die Kosten berechnet werden "als Differenz der Kosten der gegenwärtigen Anlage und einer Anlage mit (z.B.) 50% höherer Leistung, anteilsmäßig umgelegt auf den Auftrag."[1] Aufgrund der Kostendegression auf dem Hardware-Sektor sind die langfristigen Grenzkosten häufig extrem niedriger als die durchschnittlichen Kosten, so daß neue DV-Anwendungssysteme wirtschaftlicher werden und eine steigende Nachfrage nach DV-Dienstleistungen bald die Kapazität der größeren Anlage, deren Daten dieser Betrachtung langfristiger Grenzkosten zugrundeliegen, ausschöpft.[2]

1. Kalkulation von Dienstleistungen des Beratungs- und Entwicklungsbereichs auf Einzelkosten- und Deckungsbeitragsbasis

Die Beratungs- und Entwicklungsleistungen umfassen neben der Abwicklung von Kundenaufträgen auch die Erstellung von innerbetrieblichen Leistungen (z.B. Betriebssystemsoftware-Tuning, also kein Benutzer- oder Kundenauftrag). Als Oberbegriff wird daher im folgenden bei Leistungen des Beratungs- und Entwicklungsbereichs von 'Projekt' als Kalkulationsobjekt gesprochen, das wie folgt definiert wird:

"Ein Projekt bezeichnet die Durchführung eines aus mehreren Aktivitäten bestehenden geschlossenen und einmaligen, zeitlich be-

---

1) POENSGEN /Verrechnungspreise/ 17. - Vgl. auch das dort angegebene Rechenbeispiel.
2) Vgl. LANGE /Controlling/ 196-197.

grenzten Vorhabens. Häufiges Ziel eines Projektes ist ein zukünftiges DV-Verfahren[1]. Aber auch die Änderung eines Verfahrens, die Untersuchung eines Software-Paketes, die Umstellung von Verfahren auf ein geändertes Hardware-System oder Betriebssystem usw. sind als Projekt zu sehen."[2]

Der Schwerpunkt der Projektarbeit liegt aber in der Entwicklung neuer DV-Anwendungssysteme für Dritte. Ziel der Kalkulation ist es, möglichst viele Kosten den Projekten (Teilprojekten, Projektphasen) direkt, d.h. als relative Einzelkosten, zuzuordnen. Eine Kostenzuordnung von Projektgemeinkosten anhand von Schlüsselgrößen soll nach Möglichkeit vermieden werden.

Die für Zwecke der Kalkulation auf Einzelkosten- und Deckungsbeitragsbasis erforderlichen Kosteninformationen können aus dem in Punkt 2.3 des Kapitels C vorgeschlagenen BAB abgeleitet werden, der eine Übersicht aller pro KSt anfallenden (angefallenen) Kosten enthält. Wie im einzelnen dabei vorzugehen ist, wird in den folgenden Punkten beschrieben.

1.1 Direkte Kostenzuordnung anhand von Tätigkeitsberichten

Entscheidungsrelevante, hier projektabhängige oder projektvariable Kosten sind diejenigen Kosten, die einem Projekt direkt zugerechnet werden können. Dies sind Personal-, Material-, Testkosten und ggf. Kosten für projektspezifische Hilfsmittel. Die Personalkosten stellen den größten Kostenblock dar. Sie können bzgl. eines Projektes direkt erfaßt und zugerechnet werden, wenn für eine Leistungseinheit ein Plankostensatz ermittelt wird und die Mitarbeiter des Beratungs- und Entwicklungsbereichs Tätigkeitsberichte führen.

---

1) Hier: DV-Anwendungssystem.
2) BM des Innern /Verfahrensentwicklung/ 3.

Als Leistungseinheit (Zwischen-KTr) kommt für den Beratungs- und Entwicklungsbereich nur die Kalenderstunde in Frage. "Andersartige Leistungsmaßstäbe, wie z.B. im Bereich der Programmierung die Zahl der geschriebenen Instruktionen, werden den Anforderungen an Leistungsmaßstäbe nicht gerecht, da die darin zum Ausdruck kommende Leistung sehr unterschiedlich sein kann."[1] Die Kalkulation des Zwischenkostenträgers erfolgt im Rahmen der Periodenplanung (meist Jahresplanung) durch Divisionskalkulation. Dabei werden die geplanten Gesamtkosten der in den Hauptkostenstellen des Beratungs- und Entwicklungsbereichs tätigen Mitarbeiter zugrundegelegt. Diese können aus dem Plan-BAB entnommen werden. Da auf eine geschlüsselte Verteilung der Kosten der Hilfs-KSt verzichtet wurde, gehen diese Kosten nicht in den Kalkulationssatz ein. Diese sind bzgl. eines Projektes Gemeinkosten und damit nicht direkt zurechenbar. Man kann somit von einer Teilkostenkalkulation sprechen. Die Gesamtkosten der Hauptkostenstellen werden durch die für die Projektarbeit verfügbare Nettokapazität (d.h. die Gesamtstundenzahl vermindert um Zeiten für Urlaub, Krankheit, Schulung etc.) dividiert.[2]

Die Kostenzurechnung auf die Projekte erfolgt anhand von Tätigkeitsberichten, die von jedem Mitarbeiter täglich oder zumindest wöchentlich geführt werden müssen. Organisatorisches Hilfsmittel dafür bildet ein (ggf. maschinell lesbares) Formblatt, das zumindest folgende Angaben enthalten sollte:[3]

- Projektbezeichnung
- Projektphase
- leistende Kostenstelle
- empfangende Kostenstelle/Kundennummer
- Name/Personalnummer des Mitarbeiters

---

1) BM des Innern /Verfahrensentwicklung/ 31. - Zu Einflußfaktoren der Programmiererproduktivität vgl. z.B. WIRTZ /Messung/.
2) Vgl. SCHRADER /Abrechnung/ 67-68, BM des Innern /Verfahrensentwicklung/ 32 sowie HABERKAMM /Kostenrechnung/ 182-183.
3) Vgl. z.B. HORVÁTH u.a. /Controlling/ 148.

- Tätigkeitsdauer (Beginn/Ende)
- Unterbrechungen (Dauer/Ursache).

Die Erstellung und Auswertung derartiger Tätigkeitsberichte stößt allerdings häufig auf Widerstände. Insbesondere im Verlauf von arbeitsintensiven Programmentwicklungsaktivitäten kann ein Tätigkeitsbericht bedingt auch als Instrument zur Überwachung und Beurteilung eines Programmierers von der Unternehmungsleitung herangezogen werden.[1] Primär hieraus resultiert die oft festzustellende ablehnende Haltung der Mitarbeiter gegenüber diesen Tätigkeitsberichten. Deshalb versuchen Betriebsräte schon seit geraumer Zeit, unter Bezugnahme auf § 87 Abs. 1 Punkt 6 des Betriebsverfassungsgesetzes und § 75 Abs. 3 Punkt 17 des Bundespersonalvertretungsgesetzes eine Abschaffung der maschinell lesbaren und auswertbaren Arbeitsformulare zu erwirken. "Die einschlägige Rechtsprechung läßt sich aber generell so interpretieren, daß hier kein Mitbestimmungsrecht besteht."[2] Den Mitarbeitern muß daher klar gemacht werden, daß die Tätigkeitsberichte primär der Kostenverteilung und nicht der Leistungskontrolle der Arbeitnehmer dienen. Von Seiten der Unternehmungsleitung sollte vor allem eine besondere Motivation erfolgen, Tätigkeitsberichte exakt auszufüllen, da ansonsten eine angestrebte genaue Kostenverteilung nicht erreichbar ist.

1.2 Vorgehensweise zur Vorkalkulation von Softwareentwicklungsprojekten

Exakte Tätigkeitsberichte ermöglichen eine relativ problemlose Nachkalkulation von Projekten. Erheblich mehr Schwierigkeiten treten dagegen bei der Vorkalkulation von Softwareentwicklungsprojekten auf, da der Personalaufwand - insbesondere für die Ent-

---

1) Vgl. STÜVE /Leistungsverrechnung/ 498.
2) STAHLKNECHT /Erfahrungen/ 99.

wicklung von Individualsoftware - zu Beginn des Projektes nur sehr schwer geschätzt werden kann, andererseits aber von den Kunden bzw. Benutzern meist ein Kostenvoranschlag verlangt wird.[1)]

Die Vorkalkulation von DV-Projekten beruht auf einer systematischen Ziel- und Maßnahmenplanung dieser Projekte. Die Maßnahmenplanung muß sich dabei sowohl auf die Projektabwicklung als auch auf die Projektüberwachung beziehen.[2)] Die Projektabwicklung sollte unbedingt auf der Grundlage von Standards für die Anwendungssystem-Entwicklung erfolgen.[3)]

Die im Hinblick auf die Vorkalkulation wichtigsten Schritte der Projektabwicklung und -überwachung sind folgende:[4)]

a) Gliederung des Projekts in überschaubare und kontrollierbare Teilaufgaben (Module)
b) Schätzung des Zeitbedarfs und des Mitarbeitereinsatzes
c) Festlegung von Checkpoints, zu denen bestimmte Module abgeschlossen sein sollen.

Anhand dieser geschätzten Einsatzmengen erfolgt dann die Vorkalkulation. Zu beachten ist dabei, daß Vorkalkulationen von Softwareprodukten entsprechend den einzelnen Phasen des Entwicklungsprozesses (Problemanalyse, Programmierung sowie Test und Erprobung)[5)] stets mehrstufig zu realsieren sind. D.h. mit zunehmender Projektentwicklung und mithin mit wachsendem Informationsgrad werden exaktere Kalkulationen ermöglicht.

Sattler schägt eine dreistufige Vorkalkulation für Softwareprojekte vor:[6)]

---

1) Eine Zusammenstellung von Verfahren zur Aufwandschätzung geben z.B. EMDE, SEIBT /Schätzung/.
2) Vgl. hierzu vor allem HORVÁTH u.a. /Controlling/ 106 ff.
3) Ein Beispiel für die Entwicklung eines Verfahrens zur standardisierten Anwendungssystem-Entwicklung gibt LAI /Erfahrungen/.
4) Vgl. BECKMANN /Aktueller/ 6 und SATTLER /Mehrstufige/ 390-391.
5) Vgl. HORVÁTH u.a. /Controlling/ 106.
6) Vgl. SATTLER /Mehrstufige/ 390 ff.

(1) Während der Durchführbarkeitsstudie erfolgt eine erste Vorkalkulation.
(2) In der daran anschließenden Entwurfsphase wird eine zweite Vorkalkulation durchgeführt.

Beide Kalkulationen können aufgrund des zu diesen Zeitpunkten noch relativ geringen Kenntnisstandes nur global realisiert werden (z.B. in Form von Überschlagsrechnungen). "Jedes Programm besitzt eine gewisse Individualität. Es gibt daher keine brauchbaren Vorbilder, die man heranziehen könnte, um bereits im Stadium der Entwicklungsidee hinreichend genau abzuschätzen, wie groß ein Programm wird, mit welchen Laufzeiten man rechnen muß und was seine Herstellung kostet."[1] Anhaltspunkte können begrenzt aus früheren Nachkalkulationen ähnlicher Projekte gewonnen werden (feedback).

(3) In der Realisierungsphase ist schließlich eine Feinkalkulation mit Hilfe von analytischen Kalkulationsverfahren möglich.[2]

Wichtig für die Projektsteuerung und -überwachung ist die Realisierung permanenter Nachkalkulationen (Zwischenkalkulationen).

1.3 Preisbildung anhand von Soll-Deckungsbeiträgen

Im Rahmen der Vorkalkulation von DV-Anwendungssystemen muß die Frage beantwortet werden, wie die Entwicklungskosten den Kunden bzw. Benutzern transparent gemacht werden können, bzw. welches preispolitische Instrumentarium zur Anwendung gelangen kann.

Zunächst muß unterschieden werden zwischen Standardanwendungs-

---

1) HORVÁTH u.a. /Controlling/ 126.
2) "Bei den analytischen Methoden basieren die Kostenschätzungen auf nachvollziehbaren Erfahrungswerten vieler Anwendungen, und spezifische Anforderungen werden mit differenzierten Einflußfaktoren berücksichtigt." - SATTLER /Mehrstufige/ 393-394.

software, mehrfach verwendbarer Software und Individualsoftware (Auftragsprogrammierung).[1]

Standardanwendungssoftware soll unterschiedliche Bedürfnisse vieler Kunden/Benutzer befriedigen. Für Service-Rechenzentren, deren Marktsituation tendenziell polypolistischer Natur ist, wobei sich das Angebot an Standardanwendungssoftware aufgrund gleicher Problemstellungen weitgehend ähnelt, bedeutet dies, daß hier eine Orientierung an den Preisen der Konkurrenz möglich und sinnvoll ist. Die Entwicklungskosten werden dabei üblicherweise durch (oftmals einmalig von den Kunden zu zahlende) Lizenzgebühren und/ oder Grundpreise abgedeckt.[2] D.h. der Kostenblock 'Entwicklungskosten' wird auf mehrere Perioden und viele Kunden verteilt, er wird dynamisiert.

Individualsoftware ist ein speziell für einen Kunden/Benutzer maßgeschneidertes DV-Anwendungssystem als Folge eines Kundenauftrags. Die Entwicklungskosten sind folglich allein durch diesen Kunden zu tragen.

Häufig löst aber ein Kundenauftrag die Möglichkeit der mehrfachen Verwendung aus. "Hier gibt es - betriebswirtschaftlich gesehen - zwei grundsätzliche Verfahren. Entweder gehen diese Entwicklungsleistungen zunächst völlig zu Lasten des Benutzers, für den sie ursprünglich erfolgten, und dieser kann später seine 'Rechte' an andere Benutzer verkaufen, oder die Entwicklungsleistungen werden sozusagen von der DV-Abteilung[3] vorfinanziert."[4] Um nicht potentielle Kunden durch sehr hohe Anlaufkosten abzuschrecken, wird besonders in unter Wettbewerbsbedingungen arbeitenden RZ i.a. die zweite Alternative zur Anwendung kommen, so daß die Einführungskosten wie bei Standardanwendungssoftware dynamisiert werden.

---

1) Vgl. SEIBT u.a. /Erhebungen A/ 75. - Diese Unterscheidung ist für nicht kommerziell arbeitende RZ von untergeordneter Bedeutung, es sei denn, selbsterstellte Software wird weiterverkauft.
2) Vgl. BECKMANN /Aktueller/ 9.
3) Hier: vom Beratungs- und Entwicklungsbereich.
4) LINDNER, MITSCHKE /Betriebsabrechnung/ 37.

Sowohl bei Standardanwendungs- als auch bei mehrfach verwendbarer Software ist die Höhe der pro Kunde/Benutzer zugerechneten Entwicklungskosten abhängig von der Entscheidung, in welcher Zeit und durch wie viele Kunden/Benutzer der dynamisierte Kostenblock gedeckt bzw. überdeckt werden soll.[1] Dazu sind (Markt-)Schätzungen erforderlich über Anzahl Verträge, durchschnittlichen Umsatz pro Vertrag etc.. Aus der Differenz zwischen durchschnittlichem Marktgrundpreis und direkt zugerechneten Entwicklungskosten pro Kunde/Benutzer ergibt sich der Deckungsbeitrag je Kunde.

Die Lizenzgebühr (der Grundpreis) setzt sich also zusammen aus:

- einem Teil der direkten Entwicklungskosten
- einem Soll-Deckungsbeitrag.

Zwischen beiden Bestandteilen besteht ein enger Zusammenhang. Die Höhe des Soll-Deckungsbeitrags hängt von der Tragfähigkeit eines Produktes ab, d.h. von Markt- und Konkurrenzdaten. Ergibt sich bei Vergleich der kalkulierten direkten Kosten mit Marktpreisen kein oder nur ein sehr geringer Deckungsbeitrag, so muß in einem Feedback die Entscheidung über Anzahl Kunden und Zeitraum der Kostendynamisierung überprüft und - wenn möglich - neu festgelegt werden. Diese Vorgehensweise soll anhand eines (stark vereinfachten) Zahlenbeispiels verdeutlicht werden:

Für ein zu entwickelndes DV-Anwendungssystem werden direkte Entwicklungskosten von 480 000 DM erwartet. Die Marktschätzung ergibt einen zu erwartenden Kundenstamm für dieses Anwendungssystem von 40 Kunden innerhalb eines Zeitraums von 2 Jahren. Die je Kunde (einmalig) zu belastenden Entwicklungskosten betragen:

480 000 DM : 40 = 12 000 DM.

Der Marktpreis für ein vergleichbares DV-Anwendungssystem liegt

---

1) Vgl. STEIN, WIEDEMANN /Kosten-/ 10.

bei durchschnittlich 15 000 DM Grundgebühr. Der Deckungsbeitrag beträgt somit:

15 000 DM - 12 000 DM = 3 000 DM.

Der Gesamtdeckungsbeitrag für das DV-Anwendungssystem beträgt:

3 000 DM x 40 = 120 000 DM.

Er dient dazu, einen Teil des Gemeinkostenblocks abzudecken und - in marktorientierten RZ - Gewinn zu erwirtschaften.

Unter der modifizierten Annahme, daß der Marktpreis vergleichbarer DV-Anwendungssysteme nur durchschnittlich 12 000 DM beträgt, würden bei 40 Kunden nach Ablauf von 2 Jahren lediglich die direkten Kosten gedeckt sein, d.h. das Produkt ist nicht fähig, einen Deckungsbeitrag zu tragen, weil vergleichbare Produkte der Konkurrenz preiswerter angeboten werden. In diesem Fall ist zu prüfen, ob durch Marketingaktivitäten der zu erwartende Kundenstamm erhöht werden kann (ggf. innerhalb eines längeren Zeitraums, bspw. von 3 Jahren).

Zusammenfassend kann festgestellt werden, daß die Festlegung von Soll-Deckungsbeiträgen besonders für gewinnorientierte Rechenzentren ein geeignetes Instrument zur Steuerung ihres Marktverhaltens darstellt. Ergibt sich bei Gegenüberstellung von erwarteten projektabhängigen Kosten und erwartetem Marktpreis (als Summe der Marktgrundpreise je Kunde) kein positiver Soll-Deckungsbeitrag, müssen die Kalkulationsüberlegungen unter Mitwirkung der Marketingabteilung neu fixiert werden.

Wird (bspw. zu Werbezwecken) ein DV-Anwendungssystem angeboten, obwohl es keinen Deckungsbeitrag erwarten läßt, so müssen andere Produkte entsprechend 'tragfähiger' sein, um in ihrer Summe den Gemeinkostenblock des Beratungs- und Entwicklungsbereichs sowie einen Teil der Kosten der allgemeinen Hilfskostenstellen und des Gewinns zu decken.

2. Kalkulation von Leistungen des Produktionsbereichs

Während die Entwicklungskosten weitgehend direkt auf die Endkostenträger von Rechenzentren verrechnet werden können, ist eine Zuordnung von Betriebsmittelkosten auf die in der ADV-Anlage laufenden DV-Anwendungssysteme immer dann mit großen Problemen verbunden, wenn Mehrprogrammbetrieb (Multiprogramming[1]) gefahren wird.[2] Die betriebsmittelorientierte Kostenzurechnung, die von auf einem Zeit-/Mengengerüst beruhenden Leistungseinheiten für die Beanspruchung der einzelnen Betriebsmittel (vorkalkulierte Zwischen-KTr je Betriebsmittel) ausgeht, ist deshalb problematisch, weil die Dauer der Betriebsmittelbelegung durch einen Endkostenträger aufgrund der gegenseitigen Beeinflussung gleichzeitig in der ADV-Anlage verweilender Programme[3] von einer Vielzahl von Einflußfaktoren abhängt und bei mehreren Läufen unterschiedliche Kosten verursachen kann.[4] Der Rechenzentrumsbetrieb ist kostentheoretisch somit vergleichbar mit dem Prozeß der Kuppelproduktion: die anfallenden Kosten (hier: Mieten oder Abschreibungen für die einzelnen Betriebsmittel) sind zwar bekannt, können aber nicht gemäß Verursachungs- oder Identitätsprinzip den einzelnen Kostenträgern zugerechnet werden, weil es sich weitgehend um fixe KTr-Gemeinkosten handelt.

Trotz dieser kostentheoretischen Bedenken muß jedoch die Defini-

---

1) "Unter 'Multiprogramming' soll die Betriebsweise einer Datenverarbeitungsanlage verstanden werden, bei der unter Steuerung durch ein Betriebssystem mehrere Programme 'gleichzeitig' ablaufen. ... Alle Programme konkurrieren um die Teilkapazitäten (Ressourcen) der Anlage, und zwar um Hauptspeicher, Verarbeitungszeit, Eingabe/Ausgabeeinheiten und Kanäle. Ziel dieser Betriebsweise ist es, möglichst alle Teilkapazitäten gleichmäßig auszunutzen." - MARWEDEL /Problematik/ 243-244.

2) Bei Einprogrammbetrieb reicht die Verweilzeit des Endkostenträgers in der ADV-Anlage als Zwischen-KTr aus.

3) Zum Ausgleich der Beeinflussung gleichzeitig im ADV-System laufender DV-Anwendungssysteme werden in der Literatur eine Reihe von Anregungen gegeben, wie z.B. die Bildung von Programmklassen, die Anwendung von Bewertungsfaktoren und/oder die Vergabe von Simultanpunkten. - Vgl. dazu z.B. GRAEF, GREILLER /Organisation/ 436 ff. und KANNGIESSER /Abrechnung/ 104 ff.

4) Vgl. z.B. ELMENHORST /Wiederholbarkeit/ und GRAEF, GREILLER Organisation/ 421 ff.

tion von Zwischen-KTr je ADV-Komponente und die Erfassung der je Komponente in Anspruch genommenen Leistung als Grundlage für die Kalkulation der End-KTr angesehen werden, weil nur auf diese Weise die aus den komplexen Strukturen von ADV-Anlagen resultierende Intransparenz vermindert werden kann, um so Anhaltspunkte für die Preisgestaltung der Produkte zu gewinnen.

2.1 Leistungskennzahlen als Zwischenkostenträger

Zwischenkostenträger (Leistungskennzahlen) werden pro Kostenplatz des Produktionsbereichs definiert. Dabei können gleiche ADV-Komponenten zu einem Kostenplatz zusammengefaßt werden. Die Definition der Zwischen-KTr hängt von dem zugrunde gelegten Leistungserfassungssystem (Accounting-Routine) ab und kann bspw. wie folgt aussehen:[1]

- Kostenstelle Zentraleinheit (einschließlich vom Betriebssystem belegte periphere Geräte wie Systemplatten, Kartenleser der primären Systemeingabe, Steuerkonsolen): verbrauchte Aktivitätszeit gemessen in CPU-Sekunden.
- Kostenstelle Hauptspeicher: beanspruchter Hauptspeicherplatz eines Programms während der Aktivitätszeit gemessen in KByte multipliziert mit den CPU-Sekunden.[2]
- Kostenstelle Ein-/Ausgabegeräte
- Kostenstelle Magnetplatteneinheiten
- Kostenstelle Magnetbandeinheiten

} Anzahl der Kanalzugriffe gemessen in 100 Zugriffen.

- Kostenstelle Datenfernverarbeitung: Verweilzeit gemessen in Minuten
- Kostenstelle Datenerfassung: Datenerfassungsstunde.

---

1) Vgl. SCHMITT /Kostenverteilung/ 54 und GRAEF, GREILLER /Organisation/ 431 ff.
2) Die Multiplikation der Speicherbelegung mit der Aktivitätszeit verhindert eine zu hohe Kostenbelastung von Programmen mit niedriger Priorität, die ja den Hauptspeicher länger belegen als Programme mit hoher Priorität. - Vgl. GRAEF, GREILLER /Organisation/ 433.

Die Verrechnungssätze für die Zwischen-KTr lassen sich analog zum Beratungs- und Entwicklungsbereich im Rahmen der Periodenplanung durch Division der pro Haupt-KSt anfallenden, dem jeweiligen Betriebsmittel direkt zurechenbaren Gesamtkosten (Hardwarekosten wie Mieten, Abschreibungen, Wartungskosten etc.) durch die für diese Kostenstelle geplante Gesamtleistung ermitteln.[1] Während die Bestimmung der in der folgenden Periode anfallenden Hardwarekosten i.a. keine Probleme aufwirft (dem Plan-Jahres-BAB zu entnehmen), "ist die Ermittlung der erbrachten Leistungen mit zunehmender Komplexität der EDV-Systeme ein nahezu nicht gerecht zu lösendes Problem,"[2] da die Kapazitätsauslastung wesentlich von der Zusammenstellung der laufenden DV-Anwendungssysteme abhängt.

Es ist daher sinnvoll, für die Bildung von Plankostensätzen einen voraussichtlichen Produktionsplan für die Beanspruchung der Betriebsmittel zu prognostizieren und für Zwecke der Auslastungskontrolle und für die Bestimmung von Kapazitätsreserven von einer maximalen Auslastung auszugehen.[3]

Die so kalkulierten Verrechnungssätze beruhen auf Teilkostenbasis, weil außer den den ADV-Komponenten direkt zurechenbaren Hardwarekosten keine Kosten (Gemeinkosten wie z.B. Personalkosten) berücksichtigt werden. Durch den Vergleich mit Marktpreisen[4] können auch hier Soll-Deckungsbeiträge ermittelt werden, deren Summe in ihrer Höhe die Gemeinkosten des Produktionsbereichs und zumindest einen Teil der Kosten der allgemeinen Hilfs-KSt (sowie ggf. des Gewinns) abdecken muß. Auch hier gilt der Grundsatz, daß (Soll-) Deckungsbeiträge aus den erzielbaren Marktpreisen abgleitet werden müssen und nicht umgekehrt.[5]

---

1) Vgl. dazu auch GRUBER /Weiterbelastung/ 208 und MITSCHKE /Leistungsbewertung/ 153.
2) GRAEF /Abrechnung/ 446.
3) Vgl. BM des Innern /Rechenzentren/ 18-19.
4) Ein Beispiel für eine Preisliste für die Inanspruchnahme von ADV-Komponenten gibt z.B. PAPIN /Kostenplanung/ 17, Abb. 9.
5) Vgl. BÖHM, WILLE /Deckungsbeitragsrechnung/ 211.

2.2 Kostenzuordnung mit Hilfe des Job-Accounting

Während im Beratungs- und Entwicklungsbereich durch manuell ausgefüllte Tätigkeitsberichte eine Leistungserfassung relativ unproblematisch durchzuführen ist, gestaltet sich diese im Produktionsbereich wesentlich komplexer, weil sie hier nur maschinell und differenziert nach einzelnen Betriebsmitteln zu realisieren ist. Organisatorisches Hilfsmittel dafür stellt das Accountingsystem[1)] dar.

"Grundsätzlich kann davon ausgegangen werden, daß ein Kosten- und Leistungsrechnungsverfahren von den herstellerabhängigen Meßdaten ausgehen kann. Diese werden in den üblichen Anlagen und Betriebssystemen bereitgestellt. Die Auswertung dieser Informationen für Zwecke eines Kostenrechnungsverfahrens stellt keine grundsätzliche Schwierigkeit dar."[2)]

Allerdings muß auf die den Accountingsystemen inhärente Problematik hingewiesen werden, daß von Hersteller zu Hersteller die generierten Accountingdaten qualitativ und quantitativ sehr unterschiedlich und damit nicht vergleichbar sind, so daß die tatsächlich einzusetzende Software von den Anforderungen, die sich aus der individuellen Kostenrechnungskonzeption ergeben, abhängig ist und damit überbetriebliche Vergleichsanalysen kaum durchführbar sind.[3)] Hansen und Röhrs ziehen aus einem Vergleich von Großrechner-Betriebssystemen das Resümee, daß mit anlagen- und herstellerunabhängigen Accounting-Routinen vorerst nicht zu rechnen sei, geben aber eine positive Entwicklungstendenz: "der Trend nach mehr, besseren, reproduzierbaren, in Abrechnungsformeln integrierbaren

---

1) Job-Accounting "umfaßt die abhängig von auslösenden, i.a. jobbezogenen Ereignissen erfolgende Sammlung von ausgewählten Daten über die relevanten Abläufe im Computersystem in chronologischer Reihenfolge und ihre Strukturierung und Sicherung in einer wohldefinierten, i.a. durch einfache Standardeinblickmechanismen ausgezeichneten Schnittstelle, auf die benutzereigene Auswertungsprogramme zum Zweck der retrospektiven Leistungsmessung und -abrechnung zugreifen können." - HANSEN, RÖHRS /Abrechnungsverfahren/ 30.

2) BM des Innern /Rechenzentren/ 58.

3) Vgl. KOREIMANN /Kostenverrechnung/ 123.

bzw. integrierten Informationen."[1]

Die vorkalkulierten Verrechnungssätze werden in dem Maße ungenau, in dem die tätsächlich in Anspruch genommene Leistung von der geplanten abweicht. Es sind daher laufend Kontrollrechnungen (permanente Nachkalkulationen) und Abweichungsanalysen anzustellen.

Die Abrechnung eines Endkostenträgers geschieht i.a. auf Jobbasis. Dabei werden die Produkte aus in Anspruch genommenen Zwischenkostenträgern (ZKTr), deren Preis (P) und Multiplizität (M) (z.B. Anzahl Magneteinheiten) summiert:[2]

$$K_{Job} = \sum_{i=1}^{n} ZKTr_i \cdot P_i \cdot M_i$$

Mittels der beschriebenen Endkostenträgersystematik[3] können die Kosten den DV-Anwendungssystemen zugerechnet werden. Es wird empfohlen, hierfür ein KTr-Zeitblatt ähnlich dem Aufbau des BAB zu konzipieren, das in seiner Randspalte die zu verteilenden Kosten und in seiner Kopfzeile die KTr-Systematik als Bezugsgrößenhierarchie enthält.

Eine in dieser Form durchgeführte Kostenträgerkalkulation entspricht dem Verursachungsprinzip nur unter der idealtypischen Prämisse, daß die Istleistung der Planleistung entspricht. Alle Abweichungen sind sofort kostenwirksam und verfälschen die Verrechnungssätze. Aus diesem Grund muß diese Form der Kalkulation als Kompromiß bezeichnet werden. Es ist jedoch nur durch dieses Vorgehen möglich, Anhaltspunkte für die Preisbildung und für die Steuerung der Betriebsmittel zu erlangen. Insbesondere liefern die so kalkulierten Werte Informationen für den Beratungs- und Ent-

---

1) HANSEN, RÖHRS /Abrechnungsverfahren/ 37.
2) Vgl. z.B. GRAEF, GREILLER /Organisation/ 431, HABERKAMM /Kostenrechnung/ 183-184 sowie den Lösungsansatz von STETTER /Verfahren/ 151.
3) Vgl. Punkt 3.3 des Kapitels C.

wicklungsbereich.[1]

2.3 Preisbildung für Leistungen des Produktionsbereichs

Die Preisbildung für Leistungen des Produktionsbereichs muß analog zum Beratungs- und Entwicklungsbereich von Marktdaten ausgehen. Bei Standardanwendungssoftware können ebenfalls durch Vergleich der Marktpreise mit den über die Betriebsmittelinanspruchnahme direkt zugerechneten Kosten und Materialkosten (Soll-)Deckungsbeiträge ermittelt werden.

Aus Sicht der Kunden/Benutzer ist eine Preisgestaltung auf der Grundlage von outputorientierten Verrechnungseinheiten (Anzahl Buchungen, Lieferscheine, Rechnungen o.ä.) anzustreben. Dazu müssen die betriebsmittelorientierten Daten in outputorientierte transformiert werden (z.B. mit Hilfe von Regressionsanalysen), wobei letztere neben den Leistungsdaten zusätzlich vom Accountingsystem fortgeschrieben werden müssen. Die Erprobung neuer DV-Anwendungssysteme ist also mit erheblichem Mehraufwand verbunden,[2] gestaltet aber die Abrechnung mit den Kunden transparenter, weil diese mit mengenabhängigen Preisen besser kalkulieren können. Für Programmläufe mit konstantem Datenvolumen oder solche, deren Beanspruchung von Betriebsmitteln kaum durch schwankende Datenmengen beeinflußt wird, bieten sich Festpreisvereinbarungen mit den Kunden/Benutzern an.[3]

Im Hinblick auf eine preispolitische Steuerung der Kapazitätsaus-

---

1) "Systemanalyse und Programmierung sollen vom Aufbau und Ablauf her wirtschaftliche Systeme und Programme konzipieren und realisieren. Sie müssen deshalb über die Kostenwerte der Beanspruchung verschiedener, unter Umständen alternativer Systemkomponenten informiert sein." - TRAMPEDACH /Entwicklung/ 111.

2) Diese Kosten sind Testkosten und somit Bestandteil der Kalkulation von Entwicklungsleistungen.

3) Vgl. TRAMPEDACH /Entwicklung/ 111.

lastung ist die Unterscheidung von Dauer- und Einmalaufträgen von Bedeutung.[1] Daueraufträge sind langfristig gut einplanbar und daher mit geringeren Preisen zu bewerten als (kurzfristige) Einmalaufträge. Kanngießer führt i.d. Zusammenhang die folgenden Bestimmungsgrößen für die flexible Preisgestaltung für DV-Dienstleistungen auf:[2]

- kapazitative Auslastungssituation
- Aufgabenart
  - Aufgabenvolumen
  - Aufgabendringlichkeit
  - Aufgabenverschiebbarkeit
- Status des Kunden/Benutzers.

Im Zusammenhang mit der kostenorientierten Kalkulation von Endkostenträgern muß beachtet werden, daß der - in der KTr-Systematik berücksichtigte - H"rarbeitungsmodus eine große Rolle spielt, wenn neben dem Stapelbetrieb auch Datenfernverarbeitungsanwendungen (RBE, RJE sowie Teilnehmer- und Teilhaberbetrieb) angeboten werden. Neben den aufbau- und ablauforganisatorischen Unterschieden[3] bestehen auch kostenrechnungsbezogene Besonderheiten gegenüber der Stapelverarbeitung. So fallen hier außer den Kosten für die Inanspruchnahme der Betriebsmittel auch Kosten für die Inanspruchnahme von DFÜ-Einrichtungen an wie Leitungen, Modems, Fernsteuereinheiten etc..[4]

Es ist erforderlich, für diese Einrichtungen - soweit sie nicht direkt kunden- oder auftragsspezifisch zurechenbar sind - ebenfalls mittels Divisionskalkulation Zwischenkostenträger zu bestimmen (wie bspw. Anschaltzeit, Anzahl der übertragenen Datenblocks o.ä.).

---

1) Vgl. hierzu besonders POENSGEN /Kapazitätspolitik/ 2 ff.
2) Vgl. KANNGIESSER /Abrechnung/ 82. - Vgl. auch das in Punkt 7.2.3 der KANNGIESSER'schen Arbeit angeführte Abrechnungsbeispiel (S. 122-123) sowie den dafür zugrundeliegenden Aufsatz: WIORKOWSKI, WIORKOWSKI /cost/ 60 ff.
3) Vgl. z.B. GRAEF /Strukturelle/ 57 ff. und GRUND /Teilnehmerbetrieb/ 275 ff.
4) Vgl. GRAEF, GREILLER /Organisation/ 445 sowie den vorgeschlagenen Kostenartenplan in Punkt I.2 des Kapitels C.

3. Kurzfristige Erfolgsrechnung in Rechenzentren als periodische Gegenüberstellung von Kosten und Erlösen

Die kurzfristige Erfolgsrechnung als monatliche Gegenüberstellung von nach Kostenträgerarten differenzierten Kosten und Erlösen dient der Kontrolle der Produktkosten und des Periodenerfolgs sowie als Grundlage für kurzfristige Dispositionen wie z.B. Programmänderungen.

Die kurzfristige Erfolgsrechnung in Rechenzentren ist unmittelbar aus der dargestellten Kostenträgerrechnung abzuleiten. Sie beinhaltet eine komplette (nicht ausschnittweise) übersichtliche Gegenüberstellung von Einzelkosten und Einzelerlösen jeder Hierarchieebene der Kostenträgerhierarchie. Als Formblatt hierfür kann ein KTr-Zeitblatt verwendet werden.

Die kumulierten Deckungsbeiträge aller Endkostenträger vermindert um nicht verrechenbare Gemeinkosten ergeben den Betriebserfolg des Monats.

Der hierarchische Aufbau der kurzfristigen Erfolgsrechnung ermöglicht die Durchführung von differenzierten Deckungsbeitragsrechnungen auf jeder Hierarchieebene, so daß neben dem Betriebserfolg auch die Erfolgsbeiträge einzelner KTr, KTr-Gruppen etc. ermittelt werden können.

Für besondere Rechenzwecke ist es sinnvoll, mehrere Bezugsgrößenhierarchien zu konzipieren, auf die bei Sonderrechnungen zurückgegriffen werden kann. So ist z.B. für die Fragestellung, welche kundenspezifischen Deckungsbeiträge erzielt wurden, eine Bezugsgrößenhierarchie mit kundenspezifischen Merkmalen erforderlich (Kunden, Kundengruppen, Vertriebsregionen etc.).

E Zusammenfassung

1. Kritische Reflexion

Die empirischen Erhebungen und Gespräche mit Praktikern über Vorgehensweisen bzgl. der Kostenrechnung in Rechenzentren haben gezeigt, daß der Anwendungsstand entscheidungsorientierter Kostenrechnungsverfahren in RZ im Vergleich zu anderen Wirtschaftszweigen als unbefriedigend anzusehen ist. Besonders in kleinen und mittleren Service-Rechenzentren wird der Nutzen einer als zielorientiertes Informationssystem aufgebauten systematischen KR aufgrund mangelnden Know-Hows unterschätzt. Im Vordergrund steht hier immer noch primär die Dokumentationsfunktion der KR, während Plankostenrechnungen und Teilkostenkalkulationen auf Deckungsbeitragsbasis kaum realisiert werden. Gerade eine zu Industriebetrieben vergleichsweise intransparente Kostenstruktur, die einerseits bedingt ist durch den hohen Komplexitätsgrad der maschinellen Ausstattung und durch ein heterogenes Dienstleistungsangebot andererseits, sollte dazu auffordern, das Kostenrechnungsbewußtsein in RZ zu intensivieren. Besonders die Gruppe der Service-Rechenzentren benötigt aufgrund des eingangs skizzierten Strukturwandels in starkem Maße innerbetriebliche methodische Entscheidungshilfen.

Im folgenden werden die wichtigsten Schritte, die bei der Einführung bzw. beim Ausbau eines entscheidungsorientierten Kostenrechnungssystems in RZ beachtet werden sollten, nochmals kritisch zusammengefaßt:

a) Ausgangspunkt jeglicher Kostenbetrachtung ist ein gestärktes Kostenrechnungsbewußtsein der Zielgruppe dar. Die Kostenrechnung soll ein zielorientiertes Informationssystem sein, das neben der Dokumentation von Kosten vor allem dazu dient, Planungs- und Kontrollentscheidungen zu unterstützen. Sie sollte daher so aufgebaut sein, daß eine zweckneutrale Grundrechnung den Ausgangspunkt für Sonderrechnungen der verschiedensten Rechenzwecke und Informationsbedürfnisse von RZ bildet. Bei der Einführung eines entscheidungsorientierten KRS sollten zunächst nicht zu viele Kenngrößen, wie Kostenarten, -stellen und -träger, unterschieden werden, um die Transparenz des KRS von Anfang an zu gewährleisten.

Bzgl. der Grundrechnung, die in der dargestellten Weise Kostenarten- und Kostenstellenrechnung verknüpft, ist folgendes besonders hervorzuheben:

- Die Kenntnis der Kostenstruktur der Unternehmung ist die Voraussetzung für weitere Stufen der KR. Die Kostenarten sind daher nach bestimmten Kostenkategorien (Leistungs-, Bereitschafts-, Kalkulatorische Kosten, Ausgabencharakter etc.) zu gliedern. Dazu ist eine genaue Analyse der in RZ anfallenden Kosten erforderlich.

- Die Verteilung von Kosten auf Kostenstellen geschieht in der Grundrechnung streng verursachungsgerecht. D.h. es werden nur die KSt-Einzelkosten und unechten Gemeinkosten verteilt, während die echten KSt-Gemeinkosten nicht geschlüsselt, sondern einer höheren Hierarchieebene insgesamt zugerechnet werden. Zu diesem Zweck ist eine KSt-Hierarchie, deren unterste Ebene von der Unternehmung als Ganzes gebildet wird, zu konzipieren.

- Die Grundrechnung ist sowohl als Ist- wie auch als Plankostenrechnung zu realisieren. Der BAB enthält folglich Ist- und Sollspalten sowie ggf. Spalten für die prozentuale Abweichung der Ist- von den Sollwerten.

b) Die im BAB der Grundrechnung enthaltenen Basisinformationen können nun nach unterschiedlichen Rechenzwecken verknüpft werden. Einen der wichtigsten Rechenzwecke stellt die Kalkulation der Dienstleistungsarten in RZ dar. Spätestens hier sollte eine Unterscheidung zwischen Produktionsbereich und Beratungs- und Entwicklungsbereich vorgenommen werden.

Entscheidungsorientierte Vorgehensweisen zur Kalkulation beruhen auf dem Identitätsprinzip. Danach werden nur solche Kosten und Erlöse auf Kalkulationsobjekte bezogen, die auf denselben dispositiven Ursprung zurückgeführt werden können (relative Einzelkosten und relative Einzelerlöse). Von einer Schlüsselung von Kosten ist analog zum BAB der Grundrechnung abzusehen.

Voraussetzung für die Kalkulation der Dienstleistungen ist eine geeignete Abgrenzung bzw. Klassifizierung von Kostenträgern. Als ein für beide Bereiche des RZ gleichermaßen geeigneter Kostenträger, der dazu in der Lage ist, die Mehrzahl der von RZ angebotenen Dienstleistungsarten zu systematisieren, wurde das DV-Anwendungssystem vorgeschlagen. Um auch in der KTr-Rechnung eine Zuordnung möglichst vieler Kosten als Einzelkosten zu erreichen, ist auch die KTr-Systematik als Bezugsgrößenhierarchie aufzubauen. Eine so gestaltete 'KTr-Grundrechnung' sollte zumindest nach den Kriterien: Verarbeitungsmodus, Anwendungsstand (Phase), Leistungspaket sowie DV-Anwendungssystem konzipiert sein. Für Sonderrechnungen kann sie erweitert oder modifiziert werden (solche Sonderrechnungen sind z.B. Kundenstatistiken, Auftragsstatistiken, Rechnungen für einzelne Vertriebsregionen o.ä.).

Während für die Kalkulation von Leistungen des Beratungs- und Entwicklungsbereichs das Identitätsprinzip i.d.R. gut anwendbar ist, weil hier der Hauptkostenblock 'Personalkosten' mit Hilfe von Tätigkeitsberichten direkt auf KTr verteilt werden kann, stößt man im Produktionsbereich auf das Phänomen der Kuppelproduktion, das i.d.R. die Anwendbarkeit von sowohl Verursachungs- wie auch Identitätsprinzip unterbindet. Ausschlaggebend hierfür ist der von RZ fast ausnahmslos praktizierte Mehrprogrammbetrieb. Der größte Teil der Kosten wird in diesem

Fall von vielen Programmen, die parallel in der ADV-Anlage laufen, sich gegenseitig beeinflussen und kaum reproduzierbare Leistungsdaten liefern, gleichzeitig getragen. Direkt zurechenbar auf DV-Anwendungssysteme sind nur die (variablen) Kosten für DV-Material. Aufgrund der Tatsache, daß die Definition und Kalkulation von Leistungskennzahlen als Zwischenkostenträger pro Betriebsmittel (Kostenplatz) für Steuerungszwecke des Beratungs- und Entwicklungsbereichs (bzgl. der Entwicklung von Programmen, die teure oder überlastete Betriebsmittel sparsam in Anspruch nehmen) unentbehrlich sind, wurde als Kompromißlösung vorgeschlagen, für die Kostenzuordnung der Betriebsmittelkosten diese Leistungskennzahlen zugrundezulegen. Eine Kostenverteilung dieser Art wird umso genauer, je gleichmäßiger die ADV-Anlage ausgelastet ist, je reproduzierbarer die Leistungsdaten sind und je genauer das Produktionsprogramm geplant werden kann.

c) Die Bestimmung von Angebotspreisen sollte anhand von Soll-Dekkungsbeiträgen erfolgen. Für deren Festsetzung werden die mit Hilfe von Marktuntersuchungen ermittelten (erwarteten) Einzelerlöse eines Kalkulationsobjekts dessen Einzelkosten gegenübergestellt. Für Beratungs- und Entwicklungsleistungen werden die Einzelkosten und Einzelerlöse dynamisiert, d.h. auf mehrere Kunden/Benutzer und Perioden verteilt.[1)]

Der Aufbau der KTr-Systematik als Bezugsgrößenhierarchie ermöglicht differenzierte Deckungsbeitragsrechnungen auf allen Hierarchiestufen. Der Übergang zur kurzfristigen Erfolgsrechnung, die monatlich erfolgen sollte, ist daher fließend.

---

1) Die Tatsache, daß es sich hierbei um eine längerfristige Kostenbetrachtung handelt, verdeutlicht einen der Einzelkosten- und Deckungsbeitragsrechnung immanenten Vorteil: die Verwischung der Grenze von (kurzfristig ausgerichteter) Kostenrechnung und (langfristig ausgerichteter) Investitionsrechnung. - Vgl. auch RIEBEL, SINZIG /Realisierung/ 460.

2. Ausblick

Solange nur mit wenigen Parametern der Kostenrechnung gearbeitet wird, ist eine manuelle Durchführung der KR denkbar. Da aber das Informationsbedürfnis bei Vertrautwerden mit dem KR-Instrumentarium sehr schnell wächst und mithin die Zahl der Parameter sowie der praktizierten Sonderrechnungen erhöht werden, stößt die manuelle Durchführung bzgl. Genauigkeit, Transparenz und Schnelligkeit sehr schnell an ihre Grenzen. Die KR in RZ sollte daher - dies klingt paradox - zumindest in ihren wichtigsten Grundzügen mit Hilfe der ADV abgewickelt werden.

Die wichtigsten Anforderungen an ein DV-unterstütztes entscheidungsorientiertes KRS werden von Horváth und Petsch wie folgt skizziert:[1)]

- Abbildungsgenauigkeit
- Mehrdimensionale Struktur des Bezugsgrößensystems zur Abbildung der Zielwirkungen der Güterprozesse
- Plan- und Kontrollinformationen
- Aktualität von Informationen
- Empfängerorientierung.

Allerdings muß im Hinblick auf diese Anforderungen der Stand computergestützter KRS als nicht zufriedenstellend bezeichnet werden. Horváth und Petsch stellen in ihrer Untersuchung von Standardanwendungssoftware für die Kostenrechnung fest, "daß viele Produkte die Anforderungen an eine entscheidungsorientierte KLR nicht erfüllen."[2)] So sind z.B. Teil-KRS nur mit wenigen Produkten und das Riebel'sche Konzept einer mehrdimensionalen KR auf Einzelkostenbasis nirgends in vollem Umfang realisiert. Darüberhinaus arbeiten die Systeme überwiegend im Stapelbetrieb.

---

1) Vgl. HORVÁTH, PETSCH /Standard-/ 2.

2) HORVÁTH, PETSCH /Standard/ 11. - Vgl. hierzu auch besonders MERTENS u.a. /Selektionsentscheidungen/ 17 sowie RIEBEL, SINZIG /Realisierung/ 471.

Wedekind gibt einen logischen Entwurf für den Aufbau einer relationalen Datenbank, die speziell auf das Konzept von Riebel mit relativen Einzelkosten, Grund- und Sonderrechnungen zugeschnitten ist.[1]

Die interaktiven Nutzungsmöglichkeiten einer solchen Datenbank tragen wesentlich dazu bei, ein Kostenrechnungssystem als entscheidungsorientiertes Führungsinstrument bei situationsspezifischen, ad hoc zu beantwortenden Fragestellungen anzusehen.[2] Darüber hinaus haben auf der Kostenrechnung basierende Entscheidungen häufig singulären Charakter, der durch eine Selektion und fallspezifische Gruppierung von Elementen eines Kostenrechnungssystems zum Ausdruck kommt. Erst die Interaktion dieser Elemente wird oftmals eine Entscheidungssituation transparenter machen können.[3]

Die betriebswirtschaftliche Zuordnung bei der von Wedekind vorgeschlagenen relationalen KR-Datenbank erfolgt auf der Basis der funktionalen Abhängigkeit.[4] So ist bspw. der Stundenlohn von der Personalnummer funktional abhängig, wenn zu jeder Personalnummer nur ein Wert für den Stundenlohn existiert. D.h. wenn die Personalnummer gegeben ist, ist auch der Stundenlohn bekannt:

(a) Personalnr. ⟶ Stundenlohn.

Kostenarten, -stellen und -träger sind die einfachen Objekttypen, die davon funktional abhängigen Daten die Stammdaten der Datenbank.

Die einfachen Objekttypen können nun auf unterschiedlichste Weise zu komplexen Objekttypen verknüpft werden, von denen wiederum bestimmte Informationen funktional abhängig sind, die dann Synthesedaten genannt werden. So kann bspw. die Arbeitszeit eines Mitarbeiters des Beratungs- und Entwicklungsbereichs funktional abhän-

---

1) Vgl. WEDEKIND /Datenbank/ sowie auch RIEBEL, SINZIG /Realisierung/.
2) Vgl. RIEBEL, SINZIG /Realisierung/ 470.
3) Vgl. MERTENS u.a. /Selektionsentscheidungen/ 79.
4) Zu folgenden Ausführungen vgl. WEDEKIND /Datenbank/ 233 ff.

gig sein von einem komplexen Objekttyp, der sich aus der Verknüpfung der Personal- mit der Kostenträgernummer ergibt:

(b) (Personalnr., KTr-Nr.) ⟶ Arbeitszeit.

Beide beispielhaft aufgeführten Relationen stellen eine Grundrechnung dar, wobei Relation (a) das Wertgerüst und Relation (b) das Mengengerüst für verschiedene Sonderrechnungen wie z.B. "Lohnabrechnung" (Relation (c)) und "Kostenträgerkontrolle" (Relation (d)) liefern:

(c) Personalnr. ⟶ Personaleinzelkosten
(d) KTr-Nr. ⟶ KTr-Einzelkosten.

Es wäre wünschenswert, daß dieses Konzept einer relationalen Datenbank aufgegriffen und dazu genutzt wird, auf der einen Seite die interne KR in Rechenzentren nachvollziehbarer zu gestalten. Auf der anderen Seite kann dieses Konzept auch dazu dienen, bessere kundenorientierte KRS zu erstellen. Rechenzentren werden auf diese Weise durch die Verknüpfung der Befriedigung eigener Bedürfnisse mit denen von Nachfragern (Kunden/Benutzer) in die Lage versetzt, Synergieeffekte zu erzielen. Allerdings zeichnet sich eine DV-gestützte Realisierung dieses Konzeptes, das rechenzentrumsspezifische Gegebenheiten berücksichtigt, in naher Zukunft noch nicht ab.

Anlage A: Fragebogen der vertiefenden empirischen Erhebung zur Kostenrechnung in SRZ

Erläuterungen

Zu Beginn des Fragebogens wurde darauf hingewiesen, daß sich die Mehrzahl der Fragen an die Unternehmungsleitung wendet. Neben der Adresse zwecks evtl. Rückfragen wurde ferner um Angabe der Funktion in der Unternehmung gebeten. Nahezu alle Fragebogen wurden entweder von der Geschäftsleitung oder von leitenden Angestellten beantwortet.

In der Einführungsphase des siebenseitigen Fragebogens wurde eine Stellungnahme bzgl. der Angemessenheit einer Teilung des SRZ in Produktionsbereich und Beratungs- und Entwicklungsbereich erbeten. Aufgrund der z.T. unterschiedlichen Gegebenheiten und Probleme beider Bereiche wurde zu einigen der folgenden Fragen um nach diesen Bereichen getrennte Antworten gebeten.

Es folgen unter Punkt A Fragen bzgl. der praktizierten Kalkulation. Erst danach folgen Fragen zur Kostenartenrechnung (Teil B), Kostenstellenrechnung (Teil C) und Kostenträgerrechnung (Teil D). Obwohl die Kalkulation zeitlich und logisch auf die Kostenträgerabgrenzung folgen müßte, wurde sie an den Anfang gestellt, weil einerseits die häufig unter Zeitdruck stehenden Praktiker den Begriff 'Kalkulation' am ehesten mit Gedankengut füllen können, und andererseits den darauffolgenden Fragen zusätzlich Kontrollcharakter zukommt. Bei der Auswertung der zurückgesandten Fragebogen wurde diese Reihenfolge jedoch nicht eingehalten.

Abschließend wurden unter Punkt E Fragen zu dem Themenkomplex 'Zwecke der Kostenrechnung' gestellt, die ebenfalls z.T. Kontrollfunktion besitzen.

Der Fragebogen wurde bewußt knapp gehalten, um die kurz bemessene Zeit der Praktiker nicht zu lange in Anspruch zu nehmen, zumal sie sich, wie häufig beklagt wurde, stets mit einer Vielzahl von empirischen Erhebungen gegenübersehen.

ERHEBUNG ZUR DURCHFÜHRUNG DER KOSTENRECHNUNG IN SERVICE-RECHENZENTREN

Hinweise zum Fragebogen:

1. Die Mehrzahl der Fragen wendet sich an die Leitung des Rechenzentrums.
2. Die Auswertung erfolgt selbstverständlich anonym. Für eventuelle Rückfragen möchten wir Sie jedoch um folgende Angaben bitten:

Unternehmung: ______________________________

Adresse: ______________________________

Name und Tel.Nr. des Beantworters: ______________________________

____

Funktion in der Unternehmung: ______________________________

Fragebogen

Halten Sie für die Durchführung einer Kostenrechnung in Service-Rechenzentren eine Trennung der Unternehmung in Produktionsbereich (Rechenzentrum) und Beratungs- und Entwicklungsbereich für sinnvoll?

Ja	Nein

Bitte begründen Sie Ihre Antwort.

____

____

A Kalkulation

1. Welche Vorgehensweisen praktizieren Sie bei der Kalkulation Ihrer Dienstleistungen
   a) im Produktionsbereich (Rechenzentrum)
   b) im Beratungs- und Entwicklungsbereich?

Zum Beispiel:

	a	b
- Vorkalkulation		
- Nachkalkulation		
- projektbegleitende (permanente) Nachkalkulation		

- Sonstige:

____

____

2. Welche Kostenbestandteile fließen in Ihre Kalkulation ein
   a) im Produktionsbereich (Rechenzentrum)?
   b) im Beratungs- und Entwicklungsbereich?

Zum Beispiel:

	a	b
- Einzel- und Gemeinkosten auf der Basis von Vollkosten		
- variable Kostenbestandteile		

- Sonstige:

____

____

3. Welche hauptsächlichen Probleme ergeben sich bei der Kalkulation Ihrer Dienstleistungen
   a) im Produktionsbereich (Rechenzentrum)?
   b) im Beratungs- und Entwicklungsbereich?

   Zum Beispiel:
   - Problem der Trennung von fixen und variablen Kostenbestandteilen
   - Problem der verursachungsgerechten Abrechnung
   - Sonstige:

a	b

   ____

   ____

4. a) Werden Ihre Mitarbeiter (im Hinblick auf die Kalkulation Ihrer Dienstleistungen) angehalten, Tätigkeitsberichte in Form von standardisierten Arbeitsformularen zu führen?

Ja	Nein

   b) Nach welchen Kriterien werten Sie diese Tätigkeitsberichte aus?

   ____

   ____

B Kostenartenrechnung

1. Bitte nennen Sie uns die von Ihnen erfaßten Kostenarten (z.B. Lohn und Gehalt, Material, Hardware-Miete etc.). Falls in Ihrer Unternehmung ein Kostenartenverzeichnis existiert, fügen Sie dieses bitte dem Fragebogen bei.

________	________	________
________	________	________
________	________	________
________	________	________
________	________	________

2. Nehmen Sie eine Abgrenzung Ihrer Kostenarten nach der Art der Zurechnung auf einzelne Dienstleistungen (Einzel- und Gemeinkosten) vor?

Ja	Nein

Welche Probleme haben Sie bei dieser Abgrenzung?

____

____

3. Nehmen Sie eine Abgrenzung Ihrer Kostenarten nach fixen und variablen Kostenbestandteilen vor?

Ja	Nein

Welche Probleme ergeben sich dabei?

____

____

C <u>Kostenstellenrechnung</u>

1. Bitte nennen Sie uns Ihre Kostenstellen. Falls in Ihrer Unternehmung ein Kostenstellenverzeichnis existiert, fügen Sie dieses bitte dem Fragebogen bei.

- 4 -

2. Nach welchen Kriterien haben Sie Ihre Kostenstellen eingeteilt?

Zum Beispiel:

	a	b
- nach Funktionsbereichen (Verkauf, Werbung etc.)		
- nach Kostenträgergesichtspunkten		
- nach Verantwortungsbereichen		
- nach Haupt- und Hilfskostenstellen		

- Sonstige:

____

____

Bitte begründen Sie Ihre Antwort.

____

____

D Kostenträgerrechnung

1. Bitte nennen Sie uns Ihre Kostenträger

a) im Produktionsbereich (Rechenzentrum)

__________	__________	__________
__________	__________	__________
__________	__________	__________
__________	__________	__________

b) im Beratungs- und Entwicklungsbereich.

__________	__________	__________
__________	__________	__________
__________	__________	__________
__________	__________	__________

Falls Sie in Ihrer Unternehmung ein Kostenträgerverzeichnis haben, fügen Sie dieses bitte dem Fragebogen bei.

2. Nach welchen Kriterien haben Sie Ihre Kostenträger
a) im Produktionsbereich (Rechenzentrum)
b) im Beratungs- und Entwicklungsbereich
untergliedert bzw. abgegrenzt?

Zum Beispiel:

	a	b
- nach der Art der einzelnen Anwendungssysteme		
- nach Leistungspaketen (Programmpaketen)		
- nach den Phasen einer Systementwicklung		
- nach der Art der Kundenaufträge (Systemplanung, Beratung, Entwicklung etc.)		
- nach Betriebsarten (Dialog-, Stapelverarbeitung, On-line, Off-line etc.)		

- Sonstige:

____

____

Bitte begründen Sie diese Abgrenzung.

____

____

E Zwecke der Kostenrechnung

	Ja	Nein
1. Stimmt in Ihrer Unternehmung die Summe der Kostenarten mit der Summe der Kostenstellen überein?		

Bitte begründen Sie Ihre Antwort.

____

____

2. Für welche unternehmerischen Entscheidungen (z.B. Planungsentscheidungen) benötigen Sie die Ergebnisse

a) der Kostenartenrechnung

____

b) der Kostenstellenrechnung?

____

____

c) der Kostenträgerrechnung?

____

____

3. Wird in Ihrem Hause eine Verflechtung von Kostenarten-, Kostenstellen- und Kostenträgerrechnung vorgenommen?

Ja	Nein

b) Welchen zusätzlichen Zwecken dient dieses integrierte System?

____

____

4. a) Wie oft erstellen Sie im Laufe eines Geschäftsjahres eine Gewinn- und Verlustrechnung?

____

b) Welche Positionen enthält Ihre Gewinn- und Verlustrechnung?

____

____

____

5. Erstellen Sie einen Betriebsabrechnungsbogen?

Ja	Nein

Falls ja, fügen Sie bitte ein Formular bei.

6. a) Führen Sie in Ihrer Unternehmung eine Plankostenrechnung (PKR) durch?

Ja	Nein

b) Erläutern Sie bitte die methodische Durchführung Ihrer PKR.

____

____

____

____

c) Welche Informationen gewinnen Sie aus Ihrer PKR?

- Informationen über die Personalkostenentwicklung ☐
- Informationen für kurz- und langfristige Entscheidungen ☐
- Informationen für die Kostenkontrolle ☐
- Informationen für die Kalkulation ☐
- Ermittlung von Preisabweichungen ☐
- Ermittlung von Verbrauchsabweichungen ☐
- Ermittlung von Beschäftigungsabweichungen ☐
- Ermittlung der Kostenfunktion (Sollkosten) ☐
- Sonstige:

____

____

7. Welche der aufgeführten methodischen Vorgehensweisen praktizieren Sie in Ihrer Unternehmung? (Bitte ankreuzen)

auf: / System:	Vollkosten-basis	Teilkosten-basis	Deckungsbei-tragsbasis
Plankosten-rechnung			
Istkosten-rechnung			

Anlage B: Dienstleistungsangebot von Service-Rechenzentren

Produktionsbereich	Beratungs- und Entwicklungsbereich
- Datenerfassung - Kommerzielle Anwendungen - Technisch-wissenschaftliche Anwendungen - Individuelle, spezifische Anwendungen für Branchen- oder Kundengruppen - Netzwerk-Dienste - Blockzeitangebot	- Software-Dienstleistungen . Entwicklung von Branchensoftware . Auftragsprogrammierung . Verkauf von Branchensoftware . Verkauf sonstiger Software . Vermietung von Branchensoftware . Vermietung sonstiger Software - Beratungsdienstleistungen . Kundenberatung . Kundenschulung . Systemanalyse/Organisation/Planung - Sonstige Dienstleistungen . Hardware-Vermittlung . Hardware-Vermietung . Turnkey-Systems . Technischer Service . Verkauf von Zubehör

1) Vgl. auch SEIBT u.a. /Erhebungen A/ 30. - Es wird kein Anspruch auf Vollständigkeit erhoben.

Verzeichnis der Abbildungen

Verzeichnis der Tabellen

Seite

Literaturverzeichnis

Arbeitskreis Kostenschätzung EDV (Hrsg.)
/Vorschlag/
Vorschlag für eine Kostenrechnung von Datenverarbeitungszentren. Broschüre des Arbeitskreises "Kostenschätzung EDV". Saarbrücken 1972.

BECKMANN, W.
/Aktueller/
Aktueller Bericht über die Entwicklung von Anwendungssoftware in der DV-Dienstleistungsbranche.
Vortragsmanuskript BIFOA-Fachseminar "Empfehlungen für die Unternehmungsplanung in Service-Rechenzentren".
Köln, März 1981.

BEHRENS, H.
/DV außer Haus/
DV außer Haus - Dauerlösung oder erster Einstieg?
Vortragsmanuskript "Systems 1979".
München 1979, S. 291-292.

BM (Bundesministerium) des Innern (Hrsg.)
/Kontingentierungshandbuch/
Kosten- und Leistungsrechnung in den Rechenzentren und für die DV-Verfahrensentwicklung der Bundesverwaltung. - Kontingentierungshandbuch. Bonn, September 1979.

BM (Bundesministerium) des Innern (Hrsg.)
/Rechenzentren/
Kosten- und Leistungsverrechnung in den Rechenzentren der Bundesverwaltung.
Bonn, September 1979.

BM (Bundesministerium) des Innern (Hrsg.)
/Verfahrensentwicklung/
Kosten- und Leistungsrechnung für die DV-Verfahrensentwicklung in der Bundesverwaltung. Bonn, Mai 1979.

BÖHM, H.-H.; WILLE, F.
/Deckungsbeitragsrechnung/
Deckungsbeitragsrechnung, Grenzpreisrechnung und Optimierung. München 1974.

BOTTLER, J.; HORVÁTH, P.; KARGL, H.
/Methoden/
Methoden der Wirtschaftlichkeitsberechnung für die Datenverarbeitung. München 1972.

---

1) Zu den abgekürzten Zeitschriftentiteln vgl. Abkürzungsverzeichnis.

CHMIELEWICZ, K. /Kostenrechnungssystem/
Kostenrechnungssystem und automatisierte Datenverarbeitung.
In: Die Wirtschaftlichkeit automatisierter Datenverarbeitungssysteme, hrsg. von E. GROCHLA. Wiesbaden 1970, S. 163-175.

CHRISTO, A.F.; LICHT, R. /Berichtswesen/
Aufbau eines Berichtswesens für das Rechenzentrum.
In: adl-nachrichten, Heft 83/1973, S. 40-49.

CHRISTO, A.F.; LICHT, R. /Produktionsstätte/
Rechenzentrum - Produktionsstätte für Informationen.
In: adl-nachrichten, Heft 84/1974, S. 32-37.

CZERANOWSKY, G.; DIEDERICHS, B. /Entwicklung/
Entwicklung der Marktstruktur externer Rechenzentren.
In: ZfD, 13. Jg. (1975), S. 483-488.

DELLMANN, K. /Stand/
Zum Stand der betriebswirtschaftlichen Theorie der Kostenrechnung.
In: ZfB, 49. Jg. (1979), Heft 4, S. 319-332.

DIEBOLD (Hrsg.) /Gefahr/
Service-Rechenzentren: Gefahr durch Kleincomputer?
In: DIEBOLD Management Report, Juni 1977, S. 1-5.

DIEBOLD (Hrsg.) /Kostenverrechnung/
Kostenverrechnung: Philosophien à la carte.
In: DIEBOLD Management Report, Juli/August 1977, S. 7-10.

EDELHOFF, E. /Hochschulrechenzentren/
Das Hochschulrechenzentrum als Dienstleistungseinrichtung.
In: IBM-Nachrichten, 26. Jg. (1976), Heft 233, S. 341-345.

ELMENHORST, W. /Wiederholbarkeit/
Untersuchungen über die Wiederholbarkeit der Accounting-Daten.
In: Abrechnung von Rechenzentrums-Dienstleistungen, hrsg. von P.MERTENS u.a.. München 1978, S. 53-60.

EMDE, W.; SEIBT, D. — /Schätzung/
Verfahren zur Schätzung des Aufwands für die Programmerstellung. BIFOA-Arbeitsbericht 70/9. Köln, Oktober 1970.

ENGELHARDT, W.; RAFFÉE, H. — /Grundzüge/
Grundzüge der doppelten Buchhaltung. Wiesbaden 1973.

FISCHER, H.; FRIMMEL, R. — /Gemeinschaftliche/
Gemeinschaftliche Datenverarbeitung - Wirtschaftliche Datenverarbeitung. Stuttgart-Wiesbaden 1976.

GRAEF, M. — /Abrechnung/
Abrechnung der Dienstleistungen eines Rechenzentrums. In: BWM, Heft 9/1972, S. 445-448.

GRAEF, M. — /Strukturelle/
Strukturelle Veränderungen im Rechenzentrum bei Einbeziehung von Fernverarbeitung und Rechnerverbund. In: Betrieb von Rechenzentren, hrsg. von A. SCHREINER. Berlin-Heidelberg-New York 1976, S. 57-63.

GRAEF, M.; GREILLER, R. — /Organisation/
Organisation und Betrieb eines Rechenzentrums. Stuttgart-Wiesbaden 1975.

GROCHLA, E. — /Einführung/
Einführung in die Organisationstheorie. Stuttgart 1978.

GRUBER, K.-P. — /Weiterbelastung/
Weiterbelastung von RZ-Kosten. In: Betrieb von Rechenzentren, hrsg. von A. SCHREINER. Berlin-Heidelberg-New York 1976, S. 207-216.

GRUND, E. — /Teilnehmerbetrieb/
Teilnehmerbetrieb in drei Schichten. In: Organisation von Rechenzentren, hrsg. von D. WALL. Berlin-Heidelberg-New York 1978, S. 275-280.

HABERKAMM, G. — /Kostenrechnung/
Die Kostenrechnung der DV unter Berücksichtigung des Job-Accounting. In: Betrieb von Rechenzentren, hrsg. von A. SCHREINER. Berlin-Heidelberg-New York 1976, S. 181-205.

HABERSTOCK, L. /Kostenrechnung I/
Kostenrechnung I. Wiesbaden 1977.

HABERSTOCK, L. /Kostenrechnung II/
Kostenrechnung II. Wiesbaden 1974.

HACKL, H. /Ablauforganisation/
Interne Ablauforganisation eines kommunalen Gebietsrechenzentrums.
In: IBM-Nachrichten, 27. Jg. (1977), Heft 236, S. 181-187.

HANSEN, H.R.; RÖHRS, H.-P. /Abrechnungsverfahren/
Abrechnungsverfahren in Großrechnerbetriebssystemen. - Ein Vergleich.
In: Abrechnung von Rechenzentrums-Dienstleistungen, hrsg. von P. MERTENS u.a.. München 1978, S. 27-52.

HANSEN, R.; WECKMANN, H.-D. /Kapazitätsplanung/
Kapazitätsplanung in Hochschulrechenzentren.
In: Das Rechenzentrum, Heft 1/1979, S. 40-47.

HARTMANN-WENDELS, T. /Verfahren/
Verfahren zur Leistungsabrechnung von Rechenzentrums-Dienstleistungen.
In: Das Rechenzentrum, Heft 4/1980, S. 197-203.

HERDEN, E.; KARRER, J. /Wirtschaftlichkeit/
Kann die Wirtschaftlichkeit des Rechenzentrums kontrolliert werden? - Beispiel einer Kostenzurechnung in der Praxis.
In: ÖVD, Heft 12/1974, S. 569-574.

HOFMANN, K.P. /Externe/
Externe Datenverarbeitung - Möglichkeiten und Wege der Datenverarbeitung außer Haus. Köln 1972.

HORVÁTH, P.; KARGL, H.; MÜLLER-MERBACH, H. /Controlling/
Controlling und automatisierte Datenverarbeitung. Wiesbaden 1975.

HORVÁTH, P.; PETSCH, M. /Standard/
Standard-Anwendungssoftware für die Kosten- und Leistungsverrechnung - Ergebnisse einer empirischen Untersuchung.
Unveröffentlichtes Manuskript, TH Darmstadt 1981.

HUMMEL, S.; MÄNNEL, W. /Kostenrechnung 1/
Kostenrechnung 1 - Grundlagen, Aufbau und Anwendung. Wiesbaden 1978.

HUMMEL, S.; MÄNNEL, W. /Kostenrechnung 2/
Kostenrechnung 2 - Moderne Verfahren und Systeme. Wiesbaden 1978.

KANNGIESSER, J. /Abrechnung/
Abrechnung von ADV-Systemleistungen. Braunschweig 1980.

KILGER, W. /Einführung/
Einführung in die Kostenrechnung. Opladen 1976.

Kilger, W. /Flexible/
Flexible Plankostenrechnung. Opladen 1972.

KLOOCK, J.; SIEBEN, G.; SCHILDBACH, T. /Kosten-/
Kosten- und Leistungsrechnung. Tübingen-Düsseldorf 1976.

KLOTEN, N.; OTT, A.E.; GÖSELE, W.; PFEIFFER, R. /EDV-MARKT/
Der EDV-Markt in der Bundesrepublik Deutschland - Versuch einer Analyse. Tübingen 1976.

KOREIMANN, D.S. /Kostenverrechnung/
Kostenverrechnung für Rechenzentren. In: Das Rechenzentrum, 1. Jg. (1978), Heft 3, S. 116-124.

LAI, H. /Erfahrungen/
Erfahrungen bei der Entwicklung von Standards für die Systementwicklung. Vortragsmanuskript BIFOA-Fachseminar "Methoden und Systeme für die Programmierung". Walberberg, Dezember 1980.

LANGE, D. /Controlling/
RZ-Controlling aus der Sicht des Unternehmens-Controllers. In: Das Rechenzentrum, 2. Jg. (1979), Heft 4, S. 190-199.

LANGE, P.; LINDNER, K.; MASSAT, D. /Vorschlag/
Vorschlag für eine Kostenrechnung von Datenverarbeitungszentren. In: ÖVD, Heft 1/1973, S. 18-28.

LANGE-HELLWIG, P. /Zukunftschancen/
Die Zukunftschancen der Computer-Serviceunternehmen. In: Das Rechenzentrum, 3. Jg. (1980), Heft 4, S. 252-255.

LANGEN, B. /Kosten/
Kosten von DATEX-P und Btx-Anwendungen. Vortragsmanuskript BIFOA-Fachseminar "Empfehlungen für die Unternehmungsplanung in Service-Rechenzentren". Köln, März 1981.

LANGEN, B. /Strukturanalyse/
Strukturanalyse des Marktes für externe DV-Unterstützung - Ein Überblick über externe DV-Dienstleistungsanbieter. Vortragsmanuskript BIFOA-Fachseminar "Computergestützte Finanzplanung". Köln, November 1980.

LAYER, M. /Informationsinstrument/
Die Kostenrechnung als Informationsinstrument der Unternehmensleitung. In: Schriften zur Unternehmensführung, Band 21. Wiesbaden 1976, S. 97-138.

LINDNER, K.; MITSCHKE, H. /Betriebsabrechnung/
Betriebsabrechnung beim Multiprogrammingbetrieb - ein Verfahrensmodell. In: ÖVD, Heft 1/1972, S. 21-23.

LUTTERMANN, H. /Abrechnungs-/
Ein Abrechnungs-, Kontingentierungs- und Steuerungsverfahren für ein Mehrrechnersystem mit Kapazitätsüberanforderungen am regionalen Rechenzentrum für Niedersachsen. In: Abrechnung von Rechenzentrums-Dienstleistungen, hrsg. von P. MERTENS u.a.. München 1978, S. 115-132.

MARWEDEL, H. /Problematik/
Die Problematik der Kostenerfassung und -zuordnung bei Datenverarbeitung im Multiprogramming-Betrieb. In: Die Wirtschaftlichkeit automatisierter Datenverarbeitungssysteme, hrsg. von E. GROCHLA. Wiesbaden 1970, S. 241-247.

MEDICKE, W. /Kostenplanung/
Einführung in Kostenplanung und Kostenkontrolle. Vortragsmanuskript BIFOA-Fachseminar "Computergestützte Kosten- und Finanzplanung". Walberberg, November 1979.

MERTENS, P.; HANSEN, K.; RACKELMANN, G. /Selektionsentscheidungen/
Selektionsentscheidungen im Rechnungswesen - Überlegungen zu computergestützten Kosteninformationssystemen. In: DBW, 37. Jg. (1977), Heft 1, S. 77-78.

MERTENS, P. /Systematisches/
Systematisches Rechnungswesen für die Datenverarbeitung.
In: adl-nachrichten, Heft 86/1974, S. 31-37.

MEYHAK, H. /Entscheidungsorientierte/
Entscheidungsorientierte Kostenrechnung für Rechenzentren.
In: Kostenrechnungspraxis, Heft 4/1981, S. 161-176.

MITSCHKE, H. /Leistungsbewertung/
Leistungsbewertung und Preisermittlung im ADV-Kostenrechnungsverfahren der hamburgischen Verwaltung.
In: Abrechnung von Rechenzentrums-Dienstleistungen, hrsg. von P. MERTENS u.a.. München 1978, S. 145-154.

NOLAN, R.L. /Controlling/
Controlling the costs of data services.
In: Harvard Business Review, July-August 1977, pp. 114-124.

OEHLER, A. /Erhebungen B/
Erhebungen zur strategischen Planung der Dienstleistungen von Service-Rechenzentren. Teil B: Auswertung der Interviews.
BIFOA-Arbeitsbericht 80AP5, Köln 1980.

PAPIN, D. /Kostenplanung/
Kostenplanung, -verrechnung und -kontrolle der DV-Leistungen.
In: Datascope, 11. Jg. (1980), Heft 32, S. 11-19.

POENSGEN, O.H. /Kapazitätspolitik/
In: Kapazitätspolitik und Verrechnungspreise.
In: ZfbF, 25. Jg. (1973), Heft 10, S. 641-672.

POENSGEN, O.H. /Verrechnungspreise/
Verrechnungspreise als Instrument zur Kostenkontrolle und Kapazitätsplanung in Rechenzentren.
In: Abrechnung von Rechenzentrums-Dienstleistungen, hrsg. von P. MERTENS u.a.. München 1978, S. 9-26.

RIEBEL, P. /Deckungsbeitragsrechnung/
Einzelkosten- und Deckungsbeitragsrechnung. Opladen 1972.

RIEBEL, P.; SINZIG, W. — /Realisierung/
Zur Realisierung der Einzelkosten- und Deckungsbeitragsrechnung mit einer relationalen Datenbank.
In: ZfbF, 33. Jg. (1981), Heft 6, S. 457-489.

RUPPRECHT, K. — /Service-Rechenzentren/
Service-Rechenzentren haben Zukunft.
In: Das Rechenzentrum, 1. Jg. (1978), Heft 1, S. 32-34.

SATTLER, P. — /Mehrstufige/
Mehrstufige Kostenkalkulation von Software-Produkten.
Vortragsmanuskript IKD (Internationaler Kongreß für Datenverarbeitung), ICC Berlin 1980.

SCHMITT, H.-J. — /Kostenverteilung/
Rechenzentren: Kostenverteilung bei Multiprogramming-Betrieb.
In: BTA, 25. Jg. (1977), Heft 12, S. 52-55.

SCHMITZ, P.; HASENKAMP, U. — /Nutzungsformen/
Zukünftige Nutzungsformen der ADV im Hochschulbereich.
In: Angewandte Informatik, Heft 5/1978, S. 194-202.

SCHRADER, H.-J. — /Abrechnung/
Die Abrechnung von DV-Dienstleistungen beim Großversandhaus Quelle - Erfahrungen mit verschiedenen Versionen und jetziger Stand.
In: Abrechnung von Rechenzentrums-Dienstleistungen, hrsg. von P. MERTENS u.a.. München 1978, S. 61-73.

SCHWEITZER, M.; HETTICH, G.O.; KÜPPER, H.-U. — /Systeme/
Systeme der Kostenrechnung. München 1975.

SEIBT, D.; LANGEN, B.; BARTHEL, A.; KIRCHHÖFER, K. — /Erhebungen A/
Erhebungen zur strategischen Planung der Dienstleistungen von Service-Rechenzentren. Teil A: Auswertung der postversandten Fragebögen.
BIFOA-Arbeitsbericht 80AP8, Köln 1980.

SEIBT, D.; LANGEN, B.; WINDLER, A. — /Erhebungen C/
Stand und Entwicklung der Dienstleistungen von Service-Rechenzentren - Ergebnisse einer Expertenbefragung.
Teil C der Erhebungen. - BIFOA-Forschungsbericht Nr. 81/1. Köln 1981.

SEIBT, D.; KANNGIESSER, J.; LANGEN, B.; WINDLER, A.
/Unternehmungsplanung/
Empfehlungen für die Unternehmungsplanung in Service-Rechenzentren. Köln 1982 (Veröffentlichung i.V.).

STAHLKNECHT, P.
/Erfahrungen/
Erfahrungen mit der Abrechnung von Rechenzentrums-Dienstleistungen in einem Mischkonzern.
In: Abrechnung von Rechenzentrums-Dienstleistungen, hrsg. von P. MERTENS u.a.. München 1978, S. 83-101.

STEIN, A.; WIEDEMANN, F.
/Kosten-/
Kosten- und Leistungsrechnung in einem kommunalen Gebietsrechenzentrum.
In: ÖVD, Heft 9/1977, S. 4-11.

STEINBACH, W.
/Kooperationsfelder/
Kooperationsfelder und Kooperationsmöglichkeiten in der SRZ-Branche. - Vortragsmanuskript BIFOA-Fachseminar "Empfehlungen für die Unternehmungsplanung in Service-Rechenzentren". Köln, März 1981.

STETTER, F.
/Verfahren/
Ein Verfahren zur Abrechnung bei Multiprogramming.
In: Angewandte Informatik, Heft 4/1976, S. 150-152.

STÜVE, P.
/Leistungsverrechnung/
Innerbetriebliche Leistungsverrechnung bei Datenverarbeitung.
In: BTA, Heft 9/1969, S. 496-500.

SZYPERSKI, N.
/Entwicklungsstand/
Entwicklungsstand computergestützter Unternehmungsplanung.
Vortragsmanuskript BIFOA-Fachseminar "Computergestützte Finanzplanung". Köln, November 1980.

SZYPERSKI, N. WINAND, U.
/Zusammenhang/
Der Zusammenhang von Unternehmungsplanung und Rechnungswesen.
Arbeitsbericht Nr. 37 des Planungslehrstuhls an der Universität zu Köln. Köln, Februar 1981.

TRAMPEDACH, K.
/Entwicklung/
Entwicklung und Einführung eines konzerneinheitlichen Informations- und Verrechnungspreissystems für Rechenzentren.
In: Abrechnung von Rechenzentrums-Dienstleistungen, hrsg. von P. MERTENS u.a.. München 1978, S. 103-113.

VOLLBERG, H. /Ablaufplanung/
Ablaufplanung und Arbeitsvorbereitung in Service-Rechenzentren. Diplomarbeit, Köln, April 1981.

VORMBAUM, H. /Kalkulationsarten/
Kalkulationsarten und Kalkulationsverfahren. Stuttgart 1977.

WALL, D. /Merkmale/
Organisatorische Merkmale des Produktionsbetriebes Rechenzentrum. In: Organisation von Rechenzentren, hrsg. von D. WALL. Berlin-Heidelberg-New York 1978, S. 3-10.

WALL, D. /Verbund/
Wissenschaftliche Rechenzentren im Verbund. In: Datascope, Heft 27/1978, S. 29-38.

WEDEKIND, H. /Datenbank/
Aufbau einer Datenbank für die Kostenrechnung. In: Angewandte Informatik, Heft 6/1978, S. 231-239.

WICKI, B. /Pro und Kontra/
Rechenzentren: Pro und Kontra. In: OUTPUT, Heft 1/1976, S. 24.

WINDFUHR, M. /Produktionsbetrieb/
Rechenzentrum - ein Produktionsbetrieb. In: Betrieb von Rechenzentren, hrsg. von A. SCHREINER. Berlin-Heidelberg-New York 1976, S. 1-19.

WIORKOWSKI, G.K.; WIORKOWSKI, J.J. /cost/
A cost allocation model - a method for determing distributing dp costs among users in a multijob, teleprocessing environment. In: Datamation, August 1973, pp. 60-65.

WIRTZ, W. /Messung/
Messung der Programmierer-Produktivität und Problematik der Aufwandschätzung. Vortragsmanuskript BIFOA-Fachseminar "Methoden und Systeme für die Programmierung". Walberberg, Dezember 1980.